鈴木大拙

禪學隨筆

STUDIES IN ZEN

D. T. Suzuki
鈴木大拙——著
駱香潔——譯

目錄

第一章
佛教宗派：禪宗（一九〇六）

前言

佛教在遠東地區發展了二十個世紀，已開枝散葉出許多不同宗派，這些宗派與源頭的印度教派別大不相同，因此我們為遠東佛教另外命名實屬合理。話雖如此，這些宗派仍可追溯到印度的佛教始祖，亦都是由印度的傳教士引進遠東，並在落腳之處蓬勃發展，形成悠久的歷史。不過，若是沒有中國與日本的智者詳細闡述，這些宗派不可能達到如今的圓滿境界。因此，佛弟子不應無視或忽略中國與日本的佛學研究，除了認識其歷史沿革，更應了解這是一股有生命的、持續成長的精神力量。

在遠東發展出來的眾多佛教宗派中，有一支非常獨特，它聲稱直接傳承佛祖的佛教精髓與精神，不立文字，教外別傳。學者稱其為佛心宗，但一般人都叫它禪宗（梵語的

Dhyana，巴利語的Jhana）。

禪宗不僅在佛教宗派裡獨樹一格，綜觀宗教史，禪宗亦是獨特的存在。廣義而言，禪宗教義屬於思辨的神祕主義，表達方式很奇特，有時充滿詩意，有時幾乎晦澀難明，只有那些真正理解且受過系統訓練的人，才能明白禪宗深意。因此，禪宗最重視個人的內在精神領悟。禪宗認為佛教經典或智者與學者對經典的闡述，在本質上一點也不重要。「主觀感受和個人體驗」與「傳統權威和客觀開示」形成強烈對比。禪宗信徒認為修行「禪那」（梵語dhyana，日語zenna）是達到開悟最有效率的方法，「禪那」意指默觀或冥想。[1]禪宗的「禪」其實是禪那的簡稱。

禪宗的歷史

印度

禪宗學者認為，禪宗的歷史可以追溯到佛陀在靈鷲山向眾弟子展示美麗金色花朵的

1 禪宗學者認為，嚴格說來禪定不等於冥想或觀想。禪修的時候，可以深度思索某個宗教或哲學主題，但這僅是偶然發生，並非主要目的。禪宗追求的目標是明心見性，進而斷除智性的疑惑與情緒的煩擾。

時期。此事記載《大梵天王問佛決疑經》[2]，內容如下：

「大梵天王至靈山，持金色千葉大波羅華上佛，捨身為床座，請佛為眾生說法。世尊登座，拈花示眾。人天百萬，悉皆罔措。獨有尊者摩訶迦葉，破顏微笑。世尊云：吾有正法眼藏，涅槃妙心，實相無相微妙法門，今方付屬摩訶迦葉。」[i]

摩訶迦葉後來將「法眼」傳給繼承者阿難陀（亦稱阿難），據記載，過程是這樣的：

阿難陀問迦葉：「世尊除了衣缽之外，還傳了什麼給你？」迦葉說：「哦，阿難陀。」阿難陀說：「我在此。」迦葉說：「去把門口的旗竿放倒吧。」聽到這個指示的阿難陀突然心領神會，於是摩訶迦葉就把「心印」傳給這位比他年輕的弟子。

禪宗認為自佛陀以降，心印代代相傳至菩提達摩（公元五二〇年東來中土），共傳了二十八代，分別是[3]

2　《大梵天王問佛決疑經》毫無疑問是一部偽經。這裡提到的故事極有可能中國的某位早期禪師杜撰的，因為當時其他宗派質疑禪宗缺乏歷史典籍來證明自身的正統地位。不過，這一點仍待進一步考證。

i　譯註：此段為作者對這個典故的簡述，並非直接引用。譯文參考CBETA（佛教電子佛典協會）收錄的《大梵天王問佛決疑經》與《人天眼目》卷之五〈宗門雜錄〉整理而成。

3　關於禪宗祖師的傳承，例如摩訶迦葉傳承衣缽給阿難陀，可參考《傳燈錄》。

第一祖：摩訶迦葉尊者
第二祖：阿難陀尊者
第三祖：商那和修尊者
第四祖：優波鞠多尊者
第五祖：提多迦尊者
第六祖：彌遮迦尊者
第七祖：婆須蜜尊者
第八祖：佛陀難提尊者
第九祖：伏陀蜜多尊者
第十祖：脇尊者
第十一祖：富那夜奢尊者
第十二祖：馬鳴大士
第十三祖：迦毘摩羅尊者
第十四祖：龍樹大士
第十五祖：迦那提婆尊者

第十六祖：羅睺羅多尊者
第十七祖：僧伽難提尊者
第十八祖：伽耶舍多尊者
第十九祖：鳩摩羅多尊者
第二十祖：闍夜多尊者
第二十一祖：婆修盤頭尊者
第二十二祖：摩拏羅尊者
第二十三祖：鶴勒那尊者
第二十四祖：師子尊者
第二十五祖：婆舍斯多尊者
第二十六祖：不如蜜多尊者
第二十七祖：般若多羅尊者
第二十八祖：菩提達摩尊者（常簡稱達摩）

東土（中國）

菩提達摩是西天二十八祖，東土禪宗初祖。他是南天竺香至王的第三子。據聞他成年後出家為僧，在般若多羅尊者座下修習佛法約四十年。師父圓寂後，他繼承衣缽成為禪宗祖師，往後六十餘年積極對抗非正統的宗派。在那之後，他遵從般若多羅尊者的指示航海三年、前往東土，終於在公元五二〇年抵達位於中國南方的廣州。梁武帝立即邀請他前往京城建康（亦稱金陵，現在的南京）。梁武帝篤信佛教，推動佛教不遺餘力，但這背後亦有個人考量。當梁武帝將這位西天來的貴賓迎進宮之後，提出的第一個問題是：「我造了那麼多寺廟，抄寫那麼多佛經，度了那麼多比丘和比丘尼，尊者認為我積了多少功德？」身為禪宗東土初祖的達摩冷淡地說：「並無功德。」

梁武帝問：「尊者認為什麼是聖諦第一義？」達摩說：「廓然無聖。」梁武帝不明白這個答案的深意，於是又問：「朕面前的人是誰？」

他想問的或許是，如果存在的究竟真理是廓然虛空與絕對的超越性，為什麼世間還會充滿對立和相對性？世上不是有聖人與惡人之分嗎？此刻站在梁武帝面前的達摩屬於前者。為什麼他的答案似乎違背實際經驗呢？因此他才會說：「朕面前的人是誰？」有趣的是，這段對話與希臘彌蘭王（Milinda）和比丘那先（Nagasena）之間的初次談話有異曲同工之妙。（Rhys Davids, *Questions of King Milinda*, Vol. I, pp. 40-45）

達摩是神祕主義的使徒，對學術討論不感興趣。他的回答非常簡潔：「不知道！」達摩認為這位尊貴的帝王沒有能力理解他的信仰，因此離開梁國，前往北魏，在少林寺裡隱居。據說他在少林寺靜坐面壁，九年不語，沉浸於冥想之中，留下「壁觀婆羅門」的稱號。

後來有個叫神光的人決定追隨達摩，神光原本研究儒學，但老師的教誨無法令他感到滿意。但達摩似乎徹底無視神光，他對神光的懇切求法視而不見。據聞達摩態度冰冷，任由神光在雪地裡站了七天七夜。最終神光抽出腰間配刀、自斷一臂，呈給不為所動的達摩。他說：「這是我誠心求法的證明。我尋求內心安寧多年而不可得，請尊者為我安心。」

達摩說：「把心拿來，我替你安。」神光說：「我找不到心，所以才如此不安。」達摩說：「好了！我已經把你的心安好了。」沈光頓時覺悟，心中疑慮全消，不再苦苦掙扎。

公元五二八年達摩圓寂，傳聞享壽一百五十歲。神光（公元四八五至五九三年）獲達摩賜名慧可，成為東土禪宗二祖。

慧可將「佛陀心印」傳承給大弟子僧璨（寂於公元六〇六年），僧璨傳承給道信（寂於公元六五一年），道信傳承給弘忍（寂於公元六七五年）。弘忍之後，禪宗分成南宗與北宗。北宗不被視為正統且後繼無人，因此沒有繼續發展。南宗以六祖慧能為尊，延續正統法脈。禪宗的南宗誕生於中國，可是在中國已近乎消亡，反而在日本依然興盛不衰。[4]

六祖慧能是不世出的宗教奇才，為遠東禪宗創造一段輝煌時代。禪宗原本相對沒落，且愈來愈偏向苦行靜修，慧能領導的禪宗更加積極展現禪宗特色，影響也愈來愈深遠，尤其是思想階級。

公元六七五年五祖弘忍圓寂後，六祖慧能開始弘法，吸引了一眾有能力的弟子，禪宗因而快速發展，分化出幾個分支。其中有兩個分支在唐代（公元六一八至九〇五年）與宋代（公元九六〇至一二七八年）非常盛行，那就是臨濟宗與曹洞宗。唐、宋是禪宗

4 對禪宗延續法脈來說，衣缽傳承是非常重要的一環。每位禪師都必須得到承認與印可，否則會被視為異端外道。他對心靈體驗的詮釋不一定跟老師一樣，也可能特別重視某個他認為受到忽視的信仰面向，但他必須得到老師的認可才有資格做這些事。

的黃金年代。六祖慧能弘法的內容彙整成《法寶壇經》（即《六祖壇經》），收錄於《大藏經》，被視為禪宗最具權威性的著作之一。（後面有引述《六祖壇經》的內容。）

六祖慧能繼承五祖弘忍衣鉢的故事很有意思。弘忍想從眾多弟子裡選出一位傳承衣鉢的法嗣，有天他宣布誰能證明自己對佛法已領悟通透就能繼承衣鉢，成為正式的繼任者。有位弟子博學且精通教義，同門都認為他繼承衣鉢是理所當然的事。他做了一首偈言表達見解，並將這首偈言寫在禪堂外的牆壁上：

身是菩提樹，心如明鏡臺；
時時勤拂拭，莫使惹塵埃。

看到這首偈言的人莫不深感佩服，他們心中默默認為偈言的作者肯定會雀屏中選。但隔天早上他們驚訝地發現，旁邊又多了一首偈言：

菩提本無樹，明鏡亦非臺；
本來無一物，何處惹塵埃？

這首偈言的作者是一個微不足道的俗家弟子，他在禪寺裡的主要工作是舂米。他謙遜低調、毫不起眼，居然敢公然挑戰僧眾公認的權威，整個禪寺頓時沸騰。弘忍看出這名謙遜的俗家弟子足以擔起領袖之責，決定將衣缽傳授給他。不過弘忍心中仍有顧慮，因為大部分的弟子悟性不足，無法領會慧能這首偈言裡深刻的宗教直觀。若將衣缽傳給慧能，其他弟子恐怕會對他不利。因此弘忍偷偷暗示慧能，在大家都已熟睡後的半夜來找他。他將象徵祖師權威的衣缽交給慧能，他肯定慧能已達到旁人難以企及的精神成就，並相信禪宗將持續發揚光大。弘忍接著告誡慧能要韜光養晦，等適當的時機到來再公開露面、弘法利生。

豈料還沒等到天亮，這個祕密就已在禪寺裡傳開。一個叫惠明的僧人率領憤慨的僧眾追趕慧能，此時他早已依照弘忍的指示悄悄離開禪寺。慧能來到附近的山區，正要穿過山隘時被僧眾追上，於是他把衣缽放在旁邊的石頭上，對惠明說：「這件法衣是祖師傳承正法的信物，不可以力爭。如果你想要，就拿去吧。」惠明試著拿起法衣，豈料法衣沉重如山。他停下動作，心生猶豫，隨即因敬畏而顫抖。他對慧能說：「我為法來，不為衣來。望行者為我說法。」

慧能說：「你既為法來，那就放下心中妄念。不思善亦不思惡，觀照你此刻的本來面目，也就是你尚未出生前的面目，是什麼樣子呢？」

聽了慧能的提問，惠明立刻悟得萬物根本，這是過去他一直參不透的道理。開悟後的他猶如喝下一杯沁涼冰水，說不出的滿意暢快。激動不已的惠明淚如雨下、汗流浹背，他向慧能恭敬行禮，問：「除了剛才的密語密意之外，還有其他密意嗎？」

慧能答道：「我剛才說的本就不是什麼密語密意。如果你反觀內在並識得世界誕生前的本來面目，密意就在心中。」

六祖慧能圓寂於公元七一三年，其後禪宗分為兩支，代表人物分別是南嶽懷讓和青原行思，兩人都是慧能門下的傑出弟子。六祖慧能是禪宗的最後一代祖師。他沒有像前五位祖師一樣把衣缽傳承下去，因為他擔心這會引發不必要的爭吵和分裂，就像他自己當年的經歷一樣。六祖慧能為禪宗的發展開創新局，而且不僅是外在，內在亦是如此。衣缽傳承的作法遭到廢除，正統與否的問題也不復存在。只要是在公認的禪師門下經過適當的訓練，開悟後得到印可，都可以用最適合自己的方式弘法與禪修。南嶽懷讓（寂於公元七四四年）和青原行思（寂於公元七四〇年）兩位禪師都屬於正統法脈，差別在於兩支宗派重視的面向不同。

從南嶽懷讓和青原行思以降，禪宗穩定發展，影響範圍遍及士農工商，尤其是知識階級。唐代可說是文化與文明的巔峰時期，佛教在這個時期徹底在地化。佛教脫掉向印度教借來的、不合身的裝束，用當地素材編織出符合東土品味的服裝。雖然唐朝人尚未能夠完整理解佛教思想，但禪宗已發展出獨特的思想體系並於東土漸漸在地化。（後面討論禪宗信念與實踐時，這個特色會更加清晰。）禪宗大師幾乎都出現在這段歷時約八百年的時期——大約是唐代中期到宋末。許多著名學者、詩人、士大夫和藝術家造訪禪寺求法，與禪師進行有趣的對話。這些禪宗俗家弟子對東土文化產生深遠的影響。禪宗做為一種依然存在於世上的信仰，在「中國」（Middle Kingdom）早已名存實亡。但中國現存的每一間重要的寺廟和禪院幾乎都屬於禪宗，從這一點不難想像從唐末到宋代的全盛時期，禪宗的影響力有多麼巨大。

日本

日本的禪宗目前有兩支宗派，分別是曹洞宗與臨濟宗。曹洞宗可追溯至青原行思，臨濟宗可追溯至臨濟義玄（寂於公元八六七年）。臨濟義玄活躍於唐代中期，延續以南嶽懷讓為代表人物的法脈。公元一二三三年，道元將曹洞宗傳入日本。道元在十三世紀初前往中國，在法脈承繼自青原行思的天童如淨禪師（寂於公元一二二八年），座下開悟後得到印可。日本的臨濟宗正式成立於公元一一九一年，開山祖師是明菴榮西。當時掌握幕府實權的北条氏大力鼓勵禪宗思想，促成中日禪師之間的頻繁交流。在接下來的三、四百年期間出現了許多優秀的禪師，禪宗蓬勃發展。

目前日本禪宗的兩個宗派也和二十世紀的佛教面臨相同命運——處於過渡時期，從守舊、拘泥於教義、保守，轉變成更注重進步、開明和自由的精神。臨濟宗的特色是思辨與智性，曹洞宗則偏向靜默修行。曹洞宗信眾人數較多，臨濟宗則是重質不重量。最近遠東地區的戰爭[5]喚醒日本過去的民族主義，年輕人積極審視前人留下的道德與精神傳統，他們直到最近才明白這些傳統內涵豐富且意義重大。

禪宗原則

注重事實，不立文字

西方學者或許會認為禪宗屬於神祕主義，其實禪宗獨特的發展過程和實踐方式都與

5　原註：日俄戰爭。

基督教的神祕主義大相逕庭，禪宗不同於神祕主義，就像佛教不同於基督教。基督教的神祕主義強調至高無上力量的客觀存在，或是某種普遍存在的理性所具有的超驗性（transcendentality）。德國的神祕主義差點把基督教變成泛神論[ii]，試圖往個人的內在尋找神。但不可否認的是，基督教神祕主義者偏離了猶太一神論的原始道路，而一神論正是基督教最重要的特色。反觀佛教則是從誕生之初就展現出泛神論的特色，雖然在某個階段曾傾向倫理的實證主義（ethical positivism），但自始至終，佛教一直鼓勵透過修行禪那來達到覺悟。無怪乎當佛教信仰漸漸受到有害的經院哲學（scholasticism）影響而枯萎時，禪宗這支特別的宗派一枝獨秀，被視為拯救佛教的力量。神祕主義經常受到誤解與譴責，但毫無疑問地，它是宗教生活的靈魂，使信仰充滿生命力、吸引力、崇高性與穩定性。少了神祕主義，宗教和一般的道德規範將毫無分別。因此，每當宗教因為某些原因變得既僵化又失去原有的熱忱時，神祕主義必然會伸出援手。佛教神祕主義在印度的復興，以及佛教神祕主義傳入中國與日本，也可歸因於這條人類的心靈定律。

禪宗亦是如此。禪宗要我們徹底漠視或捨棄佛學知識，因為那些都是沒必要的東

---

ii 譯註：pantheism，萬物皆有靈。

西，只不過是別人對人類心靈的二手意見，而心靈才是開悟的根源，也是正確的研究主題。禪宗宣揚「教外別傳」，尋求救贖的方法是「直指人心，見性成佛」。無論佛經或阿毘達磨（abhidharmas，論藏）的作者地位有多崇高，禪宗都不仰賴這些文字。因為禪宗認為自身的內在就是最高的權威，無須外求。想要指月示人雖然不能沒有手指，但若將手指當成月亮、忘記修行的真正目標，那就太無知了。經典的作用在於指引我們的修行方向，僅此而已。禪宗注重具體的、有生命的事實，而不是無生命的文字和理論。

無經無書

禪宗沒有被視為終極權威的佛法典籍，也沒有信徒為了心靈受益必須奉為圭臬的現成教義。禪宗宣稱直接傳承佛陀的精神——也就是佛陀覺悟的主體性（enlightened subjectivity），他亦是因此才能留下這麼多經典。達摩想要灌輸給中國人的，正是佛教創始人的這種精神。

根據《傳燈錄》第三卷的記載，達摩決定返回故土時曾告訴弟子：「時候到了，你們何不各自說說自己的領悟？」

道副說：「如我所見，不執文字，不離文字，而為道用。」達摩說：「汝得吾皮。」

尼姑總持說：「我今所解，如慶喜見阿閦佛國，一見更不再見。」達摩說：「汝得吾肉。」

道育說：「四大本空，五陰非有，而我見處，無一法可得。」達摩說：「汝得吾骨。」

最後輪到慧可，他向達摩禮拜之後又回到原位。達摩說：「汝得吾髓。」

禪師用這種充滿智慧的方式傳承禪宗，大膽創新，完全不受任何傳統教義束縛。就連佛陀本人也經常受到禪宗追隨者的殘酷對待。創立臨濟宗的臨濟義玄就曾說過這樣的話：

「諸位求道之人莫以為佛是最終的圓滿境界，佛在我眼中猶如糞坑。菩提、羅漢都只是束縛人的枷鎖，所以文殊仗劍殺於瞿曇[iii]，鴦掘持刀害於釋氏[iv]。諸位，其實無佛可得。所謂三乘五性、圓頓教跡，都是治病的藥方罷了，都不是實法。佛法教義僅是相

iii　譯註：Gautama，釋迦摩尼原本的姓氏。

iv　譯註：Shakya，釋迦族，此處同樣指釋迦摩尼。

似的比喻，藉由編排的文字指明方法或途徑。且如是說。

諸位，有些禿子想透過某種修行方法，讓自己擺脫俗世的束縛。真是大錯特錯。若人求佛，是人失佛。若人求道，是人失道。若人求祖，是人失祖。」

禪師在弘法的過程中，顯然會盡量讓弟子發揮創意、保持獨立思考，不僅是在傳統佛教的詮釋上，在思維模式上亦然。他們特別討厭盲目接受外在權威和順從傳統。他們重視的是生命、個體性與啟發。他們認為內在心靈的自我發展應擁有絕對自由，不應受到任何人為折磨的阻礙，例如把佛陀當成救世主般崇拜、盲目相信宗教經典，或是無條件依賴外在權威。禪師給弟子的建議是：在親自驗證之前，不要輕信任何事情。每一件事，從神聖的到瀆神的，都不屬於內在心靈。禪師說，不要執著於感覺，不要執著於智性；不要仰賴二元思維，不要仰賴一元思維；不要沉溺於一個絕對真理或神祇。只要知道無論你是怎樣的你，你就是你，那麼你就會像空間一樣遼闊，如空中的飛鳥、水裡的游魚一樣自由，心就像鏡子一樣澄明。佛或非佛，神或非神，這些都是瑣碎的爭論和文字遊戲，其實沒有意義。

公案

禪師沒有固定的教法，弟子也沒有常規的課程。禪師隨時隨地即興給予指點，弟子有疑問時也可隨時請教禪師。禪寺裡的每個人都有分內的工作，因為禪寺的建築、土地、農田、廚房、每日宗教儀式和其他雜務，都必須靠僧人親自動手照料。如果僧人沒有特別的問題要請教禪師，也對寺裡的生活感到滿足，他們可以靜靜待在寺裡、遵守僧侶的戒律即可。他們似乎都是自主學禪。

以下這個臨濟義玄禪師的故事就是很好的例子，他生活在公元九世紀上半葉的中國，當時很流行到禪寺裡修行。

臨濟義玄在黃檗禪師（黃檗希運，寂於公元八五〇年）門下學禪，首座僧人看出他有學禪的慧根。有天首座問臨濟來禪寺多久了，臨濟說：「三年了。」首座說：「你參問過堂頭和尚[v]嗎？」臨濟說：「沒有，因為我不知道要問什麼。」於是首座建議他：「你可以問他：『什麼是佛法大意？』」

v　譯註：堂頭和尚是寺院的住持，也就是方丈。（《萌典》）

臨濟聽了他的建議，跑去請教黃檗禪師佛法大意，但話還沒說完，黃檗禪師便持杖打了臨濟。

臨濟回來後，首座問他請教師父的結果。臨濟說：「我連問題都還沒說完就被師父打了，我不明白師父為什麼打我。」首座說：「再去問一次。」臨濟照做，卻再次被打。首座要他去問第三次，結果跟前兩次一樣。

最後臨濟跑去找首座，告訴他：「我遵從你善意的建言，但是三度發問，三度被打。很遺憾我太愚笨了，無法領會其中的深意。我要離開這裡，去他處行腳參訪。」首座說：「你如果要走，必須向堂頭和尚辭行。」

首座先去見了黃檗禪師，說：「三度問您佛法大意的後生很有慧根。他來辭行時，請您好好指引他。若經過一番嚴格訓練，他必能成為一株大樹，為天下人提供遮蔭。」

臨濟來辭行時，黃檗禪師建議他去高安找大愚禪師參問，大愚能給他信仰上的指導。

臨濟見到大愚後，大愚問他從何處來。臨濟說自己是從黃檗那裡來的。大愚問他，黃檗給了他什麼指點。臨濟說：「我三度問佛法大意，三度被打。但我不知自己有過、無過？」大愚說：「黃檗竟然像老太婆一樣心軟。你完全沒資格跑來問你有過無過。」

受到斥責的臨濟恍然大悟，驚呼：「原來黃檗的佛法也不過如此。」大愚聞言抓住臨濟說道：「你這個沒用的鬼東西！剛剛還問我自己有過無過，現在居然大言不慚說黃檗的佛法也不過如此。這是什麼道理？快說！快說！」臨濟握起拳頭，在大愚的肋下輕輕敲打三次。大愚這才鬆開他，說道：「你的老師是黃檗，你和我毫無干係。」

臨濟辭別了大愚禪師，又回去找黃檗禪師。黃檗看見他便說：「真是個傻子！你這樣來來去去，有什麼用？」臨濟說：「這是因為你像老太婆一樣心軟。」

臨濟如常行禮，站在黃檗身邊。黃檗問他這次從何處來。臨濟說：「我奉和尚慈旨，去找大愚參問，現在回來了。」應黃檗的要求，臨濟說了在大愚那裡發生的事。

黃檗說：「大愚這傢伙，等我見到他定要痛揍他一頓。」

臨濟說：「不用等，現在就可以。」說完便朝黃檗的肩膀打了一掌。

黃檗說：「這瘋癲的傢伙竟敢在此捋虎鬚！」

臨濟大喝一聲[6]，黃檗請侍者來帶這個瘋子回房。[7]

6 禪師弘法時經常使用這種大聲吆喝的方式。漢語的狀聲詞「喝」，日文的發音為katsu或kwatsu，字尾的母音發音很輕，幾不可聞。

7 這是禪宗歷史上最有名的公案之一。單看文字，禪宗信仰似乎並不特別具有宗教性、哲學性或啟發性。在外行人眼

這些事件很快就傳遍全國，因為僧人經常在禪寺之間來去，他們也把這些事件（亦即與禪師之間的互動）當成討論的主題。久而久之，所謂的「公案」於焉誕生，也就是在禪學專家組成的「禪學法庭」上接受檢視的「公開紀錄」或「訴訟案」。生活於宋代的五祖法演（寂於公元一一〇四年）就是使用公案來訓練弟子，幫助他們達到開悟。以下是其中幾則公案：

一、有僧人問洞山禪師（公元八〇六至八六九年）：「如何是佛？」洞山說：「麻三斤。」[8]

中，這個故事像是一場鬧劇，無論從宗教或其他角度來看都毫無意義。但是在禪師看來，領悟這則公案就能領悟天地萬象。為了提供典型的禪宗教學實例，我幾乎完整重述了《臨濟錄》裡記錄的這則公案。

8 著名的《碧巖錄》作者對這則公案評論道：「禪師經常誤解這則公案，因為他們不懂得如何咀嚼、消化、欣賞它。為什麼呢？因為它淡而無味。很多人回答過『如何是佛？』這個問題。有人說：『他在殿中。』有人說：『他有三十二相。』有人說：『杖林山下竹筋鞭。』但洞山的答案是『麻三斤』，不但遠遠超越其他答案，也令過往的禪師相形失色。不懂這答案的人以為洞山當時在廚房秤麻，正好有個僧人跑來問他如何是佛，他便隨口說出那句話。也有人認為洞山語帶諷刺、說東指西。還有人說，提問的僧人不明白自己就是佛，所以洞山用繞圈子的方式回答他。唉，這些蠢蛋！有另一批學者說，麻三斤就是佛。這實在是錯得離譜！如果他們堅持要用這種方式解讀洞山的答案，就算探究到地老天荒也不可能想出解答。

為什麼？因為語言只是盛裝道理的容器。如果你不懂禪師的精神，只是在語言的黑暗迷宮裡摸索，就永遠也無法窺見禪

二、有僧人問翠微禪師：「如何是祖師西來意？」（據信他想問的是佛法第一義諦。）翠微說：「等沒人的時候，我再告訴你。」他們一起走進竹園，僧人說：「此處無人，請禪師指點。」翠微指著竹子說道：「這根竹子那麼長，那根竹子那麼短。」[9]

三、臨濟禪師有次上堂說法時，對在場的弟子說：「這個赤肉團裡，有一個無位真人。他常常從你們的五官[10]進出。還沒感受過的人，現在趕緊感受看看。」在場一位僧人站出來，問道：「無位真人是誰？」臨濟走下台一把捉住他，說：「快說！快說！」僧人尚未開口，臨濟就放開他，說道：「無位真人是什麼乾屎橛[vi]？」說完便不發一語，返回自己的禪房。

師的深意。古德說：『道本無言，因言顯道；見道即忘言。』看透這層道理，才能領悟第一機。『麻三斤』公案就像通往長安的大路，無論朝哪個方向走都是平坦的康莊大道。」

9　木平和尚有個類似的故事。有僧人向他請教佛法大意，他說：「這顆冬瓜這麼大！」另外也有僧人曾問古代禪師，深山懸崖無人處也有佛法嗎？禪師說：「有。」僧人追問深山裡的佛法是什麼？禪師說：「石頭大的大，小的小。」

10　原句使用「面門」，意指五官。

vi　譯註：乾燥的條狀糞便。

從這些「公案」可以看出，禪師追求的目標並非與至高無上的存在進行神祕交流，不是沉醉在絕對境界裡，不是夢見神聖的幻象，也不是在巨大的虛無裡忘卻自我，自相（particularity）vii 的特徵全部消失，只剩下無意識的一片空白。他們追求的目標，是帶領我們接觸賦予萬物生機的存在或生命，親自感受它的脈動，就像眼睛接觸到光的時候，自然知道這就是光。這種真切的內在體驗或許可稱為直觀或（西方哲學家口中的）直接知識，但禪師把這種內在體驗稱為佛、菩薩或大善知識（也就是偉大的、善的、有智慧的人）。

禪宗不是苦行主義

只看到佛教苦行或悲觀層面的人，或許以為禪宗也是如此。其實禪宗是最正面積極、最有活力的佛教宗派。禪宗傳遞的觀念是只要合乎天理，覺悟的人就不會像苦行或悲觀的人那樣，認為感官世界裡有任何需要譴責或躲避的東西。就這一點而言，禪修者

vii 譯註：佛教術語，指個別的「法」，是外顯、能被觀察到的特徵，自相的內在性質叫自性。（Wikipedia）

與大乘佛教的修行者很相似——兩者的信仰基礎都是同情與慈悲。他們不願停留在自身崇高的精神境界裡，任由眾生在無明裡受苦。他們彷彿從理想的高處紆尊降貴，進入這個自相的世界。他們像普通人一樣活著，一樣受苦、忍耐、懷抱希望。但他們的內在生活不受世間的任何苦難侵擾。有一本廣為流傳的畫冊叫《十牛圖》，將禪修比喻為馴牛的過程，藉以說明禪修的心靈發展階段。

禪宗哲理

前面舉過幾個公案的例子，關於那些晦澀難解的公案背後的禪宗哲理，我不打算詳細說明。在此僅為讀者翻譯《六祖壇經》的若干段落[viii]，因為《六祖壇經》是禪宗歷史上的劃時代著作，由六祖的弟子根據自己的筆記編纂而成。[11]

「總淨心念摩訶般若波羅蜜多。善知識，菩提般若之智，世人本自有之，只緣心

viii　譯註：作者指的是翻譯為英語。

11　此類作品翻譯起來困難重重，尤其是作者並不自詡擁有哲學上的準確性的時候。句子之間的連貫很鬆散，重要的詞彙也缺乏定義。譯者（即鈴木大拙禪師）僅希望譯文呈現的大意足夠清楚，能令讀者感到滿意。

迷，不能自悟，須假大善知識，示導見性。當知愚人智人，佛性本無差別，只緣迷悟不同，所以有愚有智。吾今為說摩訶般若波羅蜜法，使汝等各得智慧。志心諦聽，吾為汝說。

善知識，世人終日，口念般若，不識自性般若，猶說食不飽，口但說空，萬劫不得見性，終無有益。

善知識，摩訶般若波羅蜜是梵語，此言大智慧到彼岸。此須心行，不在口念。口念心不行，如幻如化，如露如電。口念心行，則心口相應。

本性是佛，離心無別佛。

何名摩訶？摩訶是大，心量廣大，猶如虛空，無有邊畔，亦無方圓大小，亦非青黃赤白，亦無上下長短，亦無瞋無喜，無是無非，無善無惡，無有頭尾。

諸佛剎土，盡同虛空。世人妙性本空，無有一法可得；自性真空，亦復如是。善知識，莫聞吾說空，便即著空。第一莫著空，若空心靜坐，即著無記空。

善知識，世界虛空，能含萬物色像。日月星宿，山河大地，泉源溪澗，草木叢林，惡人善人，惡法善法，天堂地獄，一切大海，須彌諸山，總在空中。世人性空，亦復如是。

善知識，自性能含萬法是大，萬法在諸人性中。若見一切人惡之與善，盡皆不取不舍，亦不染著，心如虛空，名之為大，故曰摩訶。

善知識，迷人口說，智者心行，又有迷人，空心靜坐，百無所思，自稱為大；此一輩人，不可與語，為邪見故。

善知識，心量廣大，遍周法界；用即了了分明，應用便知一切。一切即一，一即一切；來去自由，心體無滯，即是般若。善知識，一切般若智，皆從自性而生，不從外入，莫用錯意，名為真性自用。一真一切真。心量大事，不行小道。口莫終日說空，心中不修此行；恰似凡人，自稱國王，中不可得，非吾弟子。

善知識，何名般若？般若者，唐言智慧也。一切處所，一切時中，念念不愚，常行智慧，即是般若行。一念愚，即般若絕。一念智，即般若生。世人愚迷，不見般若。口說般若，心中常愚。常自言我修般若，念念說空，不識真空。般若無形相，智慧心即是。若作如是解，即名般若智。

何名波羅蜜？此是西國語，唐言到彼岸，解義離生滅。著境生滅起，如水有波浪，即名於此岸，離境無生滅，如水常通流，即名為彼岸，故號波羅蜜。

善知識，迷人口念。當念之時，有妄有非。念念若行，是名真性。悟此法者，是般若法。修此行者，是般若行；不修即凡。一念修行，自身等佛。

善知識，凡夫即佛，煩惱即菩提。前念迷，即凡夫；後念悟，即佛。善知識，前念著境，即煩惱；後念離境，即菩提。善知識，摩訶般若波羅蜜，最尊最上最第一，無住無往亦無來，三世諸佛從中出。當用大智慧，打破五蘊煩惱塵勞。如此修行，定成佛道，變三毒為戒定慧。

善知識，我此法門，從一般若，生八萬四千智慧。何以故？為世人有八萬四千塵勞。若無塵勞，智慧常現，不離自性。悟此法者，即是無念、無憶、無著。不起誑妄，用自真如性，以智慧觀照；於一切法，不取不舍。即是見性成佛道。」

禪與大眾文化

中國

佛教對中國思想影響深遠，而東方人似乎特別容易接受禪宗。印度佛教得以在中國與日本徹底本土化，禪宗這個媒介可謂功不可沒。禪宗不像某些佛教宗派注重繁複的思辨，例如天台宗、華嚴宗、中觀宗和唯識宗。禪宗的簡約特質，與中國的務實心態特別契合。禪宗不像道家那樣排斥儒家思想，而是吸收並容納儒家思想，使其為禪宗修行的一部分，信奉儒家思想的人必定很高興，因為他們推崇儀式與規範。另一方面，禪宗也帶有道家的氣息，因為禪宗主張不要執著於世俗事物，以神祕的方式感悟自然，這當然滿足了老莊思想的元素。簡言之，禪宗既有彈性又兼容並蓄，還能快速適應環境，終於漸漸融入契合中國思想所須的各種要素。難怪自從禪宗在唐代中期站穩腳步之後，就對讀書人和一般大眾都發揮了顯著的影響力。若當時沒有禪宗，歷次的宗教迫害可能早已消滅佛教在中國的影響，宋代（公元九六〇至一二七八年）與明代（公元一三六八至一六二八年）也不可能出現思辨哲學的復興。

中國的禪師運用最通俗有力的語彙，而不是大眾不熟悉的梵語漢譯，此舉無疑大力推動了禪宗的普及。中國目前的知名寺院幾乎全部都是禪寺，寺中雖有僧人，但昔日禪師的精神已不復見。絕大多數對佛教略有涉獵的儒家學者或士大夫，都是藉由禪宗典籍認識佛教。自唐代末期開始，著名的學者與官員都會造訪禪寺，有些潛心禪修，有些深入研究玄妙的禪學典籍。時至今日，中國的知識分子似乎依然保留著這項傳統。有趣的是，禪師一向排斥以文字論證信仰，卻留下了許多風格獨具的文字著作。

日本

禪宗在日本正要進入封建時代（鎌倉時代）的時候，以成熟完備的狀態傳入日本。禪宗的單純、直接和效率，很快就贏得武士的青睞，他們開始紛紛造訪禪寺。早期佛教專屬於有閒階級，禪宗的特性不同於佛教，也不悲觀、消極、逆來順受。日本的武士階層一直在追求能夠滿足精神需求的宗教，因此與禪宗思想一拍即合。日本歷史上所謂的北条氏時期，以行政能力、簡樸生活以及軍人階級的效率與活力著稱，禪宗因此得以在旭日之國成功紮根。鎌倉是北条政府的首都，至今依然保留許多當年的禪寺，見證著禪宗信仰的興盛。

繼承北条政權的足利將軍與當時的日本皇室都非常支持禪宗，禪宗因此有機會滲入日本生活與文化的各個層面。參問禪師的除了君主、政治家和將軍之外，也包括文人、藝術家、歌者、伶人、摔角力士、商賈、茶道家、劍士。這個神祕宗派引發的浪潮令人難以抵擋，他們認為禪宗掌握了打開生命和宇宙奧祕的鑰匙。

日俄戰爭結束後，武士道漸漸受到廣泛討論，而禪宗對武士道的發展影響甚鉅。事實上，武士道是融合三股道德力量的產物：神道、儒教與佛教。這三股力量都影響了日本武士的行為準則，至於各自的影響比例則隨著評論家的立場而有不同。但只要是公正的觀察者都不會否認，武士道在宗教和精神層面都與禪宗密切相關。因為武士道的生命觀（Lebensanschauung）與禪宗非常相近。在日本人身上可明顯觀察到，死亡那一刻的心靈很平靜，甚至充滿喜悅；軍人面對強敵時展現出的無畏，還有公平競爭的態度，都是武士道非常重視的東西——這些均源自禪修精神，而不是像某些人以為的那樣，是東方人特有的、盲目的宿命論。

禪修訓練

禪師教導弟子的方式有兩種——一種是智性訓練，一種是意動或情感訓練。為了培養思辨能力，禪師藉由公案來要求弟子深度思索，公案就是古代禪師討論過或親身經歷過的事件。禪師可能會要求弟子針對公案表達觀點，例如：「你未出生之前的本來面目是什麼？」「佛法修行的目的是明心見性、進而成佛。那麼，你的心在哪裡呢？」「萬法歸一，一歸何處？」「曾有人問一位古代禪師什麼是佛法真諦，禪師說：『庭前柏樹子』。這句話是什麼意思？」

聽到這些提問，弟子會盡力思索答案。他或許會認為「本來面目」意味著存在的根本原因；或是認為「萬法歸一」的「一」指的是萬事萬物的絕對根本，除了自身之外，別無歸處。有了想法之後，他們會去找禪師，把自己對哲學與佛學的珍貴見解告訴禪師。即便他們的想法符合傳統的佛學詮釋，禪師聽完他們的論證後仍將冷淡以對。這是因為禪宗追求的不是論證、詮釋或討論，而是如實呈現信念。執迷於討論自己從未親身經歷的事，把象徵與智性表述當成事實本身，這樣的弟子在遭到禪師如此直率的對待後，才會恍然發現自己的腦袋是多麼膚淺和混亂，自己的信念基礎是多麼不穩固。透過禪修訓練，他們學會清楚而準確地界定自己對事物的想法；在禪師的引導下，從不同於以往的角度觀照內在和外在。即便無法理解公案的深意，但養成觀照內外的習慣（雖然這不是禪修的主要目的）對他們的道德與智性訓練極有幫助。

解決一個公案之後，禪師會再丟出一個或許更加複雜的公案，目的是讓弟子明白同一個原則在不同公案裡普遍適用，而這樣的智性訓練會一直持續到弟子心滿意足為止。

意動或情感訓練的方式是坐禪（禪定，亦稱禪那）。弟子必須在固定的時間內靜坐，一邊靜坐一邊思考禪師丟出的公案。坐禪可以單獨進行，也可以和其他人一起在專門用來靜坐的禪堂裡集體坐禪。

坐禪的目的不是進入恍惚出神（trance）或自我催眠的狀態，而是為了靜心凝神，專注在你選定的目標上。多數人都很容易沉迷於刺激、衝動和感官享樂，在現代繁忙的工商社會裡尤其如此，這使他們過早耗盡精力，最終失去心理平衡。禪宗主張這種無謂浪費精力的行為應當矯正，另一方面也要增加心智的儲備量。

最後，讀者或許會對現代禪師的禪修見解有興趣。以下摘錄的段落來自釋宗演禪師的著作《方丈法話集》（*Sermons of a Buddhist Abbot*, 1906），這本書收錄了他近年造訪美國期間發表的演說。釋宗演在日本禪宗界備受崇敬，是鎌倉圓覺寺與建長寺的住持方丈，此地正是日本禪宗的發源地。

「禪定是什麼？梵語dhyana直譯的意思是平和、平衡或平靜。但做為一種宗教修行，禪定的意思是自我審視或內觀。這不一定是反覆思索形上學的深奧主題，也不是思考神祇的美德，或是凡塵俗世的無常。若從佛教的角度粗略而實際地定義什麼是禪定，那就是培養一種習慣：偶爾從繁亂的世俗裡抽離，花點時間靜靜審視自己的意識。養成這個習慣之後，即便日常生活如旋風般忙亂，你也能維持心靈平靜、性情開朗。因此禪定是一種靜慮的修行。禪定是為了給心一段沉思的時間，以免心變成脫韁野馬；禪定引導虛華和庸俗的人，走上真誠與實在的道路；禪定使我們對超越感官、層次更高的事產生興趣；禪定發掘出我們內在的心靈力量，這種力量能將有限和無限連接起來；最後，禪定能讓我們掙脫無明的束縛與折磨，引導我們平安抵達涅槃的彼岸。

禪定有時候也是奢摩他（samatha）、三摩地（samadhi）與三摩缽底（samapatti）的同義詞。奢摩他是止、寂靜的意思，基本上與禪定同義，但禪定一詞的使用頻率遠高於奢摩他。三摩缽底直譯的意思是『等持』或『平衡』，意思是既非清醒亦非漠然的意識平衡，並在這樣的平衡狀態裡，冷靜地專注於心中所想。三摩地是全然沉浸於思索的主題裡，無論是出於自願還是非自願。心與存在的究竟真理合而為一，並且只意識到合一，就是處於三摩地的狀態。因此，禪定是帶領我們達到三摩地狀態的方法或過程。

*

禪定的好處很多，這些好處不但實用，也有道德與精神上的意義。正念、緩和脾氣、控制情緒與掌握自我能帶來最實質的好處，這一點無庸置疑。衝動爆發時可能會猛烈到吞噬自我、造成毀滅，但冷靜沉著的人知道怎麼做才能給自己一段必要的時間平息下來思考，從而避免一頭陷入情緒漩渦。這樣的冷靜沉著雖然部分是天生的個性，但透過禪定也能學會。

在智性上，禪定能使人保持頭腦清晰澄明，在必要時全神貫注思考眼前的問題。思辨者想維持邏輯正確，必須仰賴平靜無波的心。觀察時維持心緒穩定，科學研究才能大有收穫。無論智性發展到怎樣的階段，培養靜慮的習慣非但不會有損失，反而大有裨益。

在現在的工商社會裡，多數人幾乎沒有時間修身養性。他們甚至連什麼是具有永恆價值的事都不知道，心思完全被日常瑣事占據，想要避開俗事的不斷侵擾極為困難。到了晚上下班後，他們還要追求刺激的事來做，給過度緊繃的神經系統增加更多負擔。即便沒有過勞早夭，他們也會變得神經衰弱。他們似乎不知道放鬆有多幸福。他們似乎沒有能力安住於自心，在自心裡找到永恆的喜悅。生命對他們來說猶如重擔，他們必須背負這個重擔。若他們誠心練習禪定，必然會發現禪定是上天賜予的福音。

從生理學的層面來說，禪定是神經能量的累積；有點像精神上的充電電池，將大量的潛力封存其中——在你有需要的時候，這股力量會以驚人之姿展現。做過禪定練習的心不會浪費能量，走向衰竭。若只從表面觀察，禪定有時顯得枯燥乏味，不切實際，但是在有需要的時候，禪定將發揮奇蹟般的效果；沉溺於放縱的心碰到強烈的衝動或刺激時，往往沒什麼抵抗力，三兩下就潰不成軍，因為心裡沒有蓄積能量。請容我稍微岔個題，東、西方文化存在著許多顯著差異，我認為這是其中之一。東方文化在各方面都很注重養精蓄銳，也很注重心靈力量的泉源須保持充盈。年輕人從小接受的教導是儲蓄內在能量，不要無謂地炫耀力量、知識與優點。東方人說，淺水潺潺有聲，但深處的漩渦卻是悄無聲息。就我的觀察而言，西方人似乎坦率如孩童，喜歡充分展示自己的能力；他們過著既緊張又放蕩的生活，精神能量很快就耗盡了。他們似乎沒有儲存任何能量供閒暇之時使用。他們確實既坦率又開明，這些都是東方人欠缺的特質；但他們缺少東方人的深刻底蘊，東方人不會表現得很熱情、喧鬧和狂野。老子與《薄伽梵歌》的思想，未必適用於西方文化。當然，東方和西方都有例外，但整體而言，西方文化活潑奔放，東方文化帶有神祕色彩；因為東方文化認為不可解、不可測，不顯露才是理想狀態，即便是絕對的存在亦是如此。禪定或許可視為達到這種理想狀態的方法之一。

ix　譯註：一者、安住儀式，二者、行慈境界，三者、無諸惱熱，四者、守護諸根，五者、得無食喜樂，六者、遠離愛欲，七者、修禪不空，八者、解脫魔羂，九者、安住佛境，十者、解脫成熟。（法鼓山文理學院，數位經典資料庫CBETA Online）

＊

《月燈三昧經》列舉了禪定的益處[ix]：一、禪定時，所有感官變得平靜安和，雖然自己並未察覺，但已開始享受禪定的習慣。二、心中充滿慈悲，進而擺脫罪惡之後，將有情眾生皆視為手足。三、貪嗔癡等汙染心性的煩惱，漸漸遠離意識。四、禪定守護感官，使它們不受諸惡侵擾。五、禪定使人內心純淨、性情平和，不過度渴求低俗欲念。六、心專注於高尚思想，各種誘惑、貪著、我執都自然遠離。七、深知虛榮的空虛，不會落入虛無的陷阱裡。八、生死輪迴交織如網，但禪定的人知道如何得到解脫。九、洞悉佛法最深刻的奧義後，住在佛陀的智慧裡。十、不再受到任何誘惑打擾，猶如飛鷹掙脫牢籠，自由展翅翱翔。

＊

經常有人誤會禪定是恍惚出神或自我催眠——在此我要澄清，這種想法大錯特錯。任何一個心智清明的人，都能看出禪定與恍惚出神是兩回事。恍惚出神是病態的意識混亂，而禪定是一種完全正常的意識狀態。恍惚出神是自我幻覺，是純粹主觀的，無法客觀驗證；禪定是各種心理功能處於平衡的意識狀態，沒有一個最突出的念頭或官能。就好像為了平息洶湧波濤，把油倒在動盪的水面上。浩瀚的意識光滑如鏡，沒有波浪翻滾、白浪滔滔，也沒有飛濺的水花。這完美的意識之鏡映照出萬象來來去去，而它寧靜無波、紋絲不動。恍惚出神的時候，某些心理與生理功能被過度加速，其他功能卻完全暫停，意識系統因此陷入紊亂，進而造成身心失衡，這與禪定的結果背道而馳。

有些膚淺的評論者認為，佛教的禪定是專注於極度抽象思考的深度冥想，這樣的專注程度類似自我催眠，引導心智進入一種叫做涅槃的恍惚出神狀態。這種說法錯得離譜，因為他們從未理解宗教意識的本質。佛教的禪定一點也不抽象，也跟自我催眠無關。禪定的目標是引導意識，使意識發現存在於我們心中的宇宙內在真理。禪定想做的，是幫助我們認識生命裡最具體也最普遍的事實。哲學家的工作是枯燥、無趣又乏味的概括歸納。佛教徒對此沒有興趣。他們想直接看見事實，不借助哲學的抽象歸納做為媒介。或許真有一位開天闢地的神，也或許沒有；或許只要相信神的慈悲就能得救，也或許不行；或許惡人的歸宿是地獄、好人會上天堂，或許正好相反。真正的佛教徒不會拿這些問題來庸人自擾。他們連想都不想。佛教徒沒有那麼懶散膚淺，不會浪費時間思索對信仰生活來說無關緊要的問題。藉由禪定，佛教徒深度探索事物本質，用自己的雙手觸摸宇宙的本然生命，它令太陽早晨升起、令鳥兒在溫暖的春風裡啁啾、令人類這種雙足動物渴望愛、正義、自由、真理與良善。因此，禪定裡沒有抽象之物，沒有乾如枯骨、冷如死屍的存在，只有蓬勃生機、活力與永恆的啟示。

然而，有些印度教的哲學家似乎認為幻覺與自我暗示的心理狀態都是真實的，並且把達到這種心理狀態當成禪定的目標。證據之一是他們有禪定『八重天』的概念（eightfold dhyana-heaven），八重天裡住著各種天使。這些神話裡的角色禪定時，會進入不同階段的三摩地，包括：一、認為自己像雲朵一樣輕盈升空；二、感受到一種無法形容的光亮；三、體驗到超自然的喜悅；四、頭腦變得澄澈透明，像一面能反映萬物的明鏡；五、靈魂彷彿脫離身體的束縛，往無限的空間裡延伸擴大；六、回到明確的意識狀態，心理功能完整齊全，過去、現在和未來同時出現；七、感受到絕對的虛無，心理活動完全靜止；八、最後，不對任何具體事物產生意識，卻也並未失去意識，據說這就是三摩地的最高境界。

但從佛教的觀點看來，這些『禪定』後看見的幻象都是虛妄不實的，因為它們與實踐信仰生活毫無關聯。《楞嚴經》提到五十種異常的意識狀態，禪定的人必須謹慎避開，而《楞嚴經》裡的這五十種異常意識狀態也包含前述的八種三摩地階段。」

文獻

禪宗宣揚不立文字，卻有豐富的經典著述。多虧研究禪宗的諸多學者，我們才有辦法追溯禪宗發展的每一個階段。討論禪宗思想史的著作很多，以下這幾部最為重要、不可不提：成書於宋代初期的《景德傳燈錄》；有幾篇作品據稱是東土禪宗初祖菩提達摩所撰，但歷史真實性無法考證，編纂為《少室六門》；三祖僧璨的韻文作品《信心銘》；六祖慧能的《法寶壇經》。以下兩部著作對禪宗思想的研究亦有重大貢獻，分別是大珠慧海（公元八世紀）的《頓悟入道要門論》，以及黃檗希運（公元九世紀）的《傳心法要》。

（敦煌出土的文獻中，有兩部禪宗手抄本非常珍貴：《楞伽師資記》與《神會錄》）

第二章
禪佛教（一九三八）

公元六世紀菩提達摩將禪佛教從西天（南印度）傳至東土之後，禪佛教安靜平穩地發展了兩百多年，在儒家與道家盛行的土地上站穩腳步。禪宗的主要思想是：

教外別傳，
不立文字，
直指人心，
見性成佛。

這四句話最早是由什麼人、在什麼時候提出已無從得知，但禪宗確實在唐代初期開始盛行於中國、深入人心。傳統看法認為，菩提達摩為中國禪宗奠定基礎，而將禪宗發展為一支獨立宗派與一股心靈力量的是六祖慧能和他的追隨者。是他們強調禪宗不依賴文字（也就是智性），只能以心傳心（也就是真實〔Reality〕）。

我想藉由分析這四句話，來探究禪宗思想的基本要素。

禪宗說「教外別傳」，看起來似乎意味著禪宗是一種佛教祕傳的思想。其實這句話單純在說禪宗不依賴語言或經典，也就是不依賴概念化以及與概念化有關的一切。禪宗厭惡語言與概念，也厭惡以語言與概念為基礎的論據。我們從生出意識開始就一直被誤導，過度依賴推論來理解真實。我們很容易把想法和語言當成事實本身，而且這種思維已在意識結構裡紮根。在我們的想像之中，擁有想法和語言，就等於擁有真實的經驗。也就是說，我們把語言當成真實本身，無視實際感受，以至於無法得到建構內在體驗的元素。

如同每一個貨真價實的宗教，禪宗主張直接感受真實。禪宗渴望直接飲下生命之泉，而不僅是聽別人對生命之泉的評論。修禪的人不會因此感到滿足，他們知道唯有用自己的雙手舀起名為真實的活水才能解渴。《華嚴經》的〈入法界品〉（Gandavyuha Sutra，漢譯本亦稱《四十華嚴》）裡有詳細的闡述。以下引述的是《四十華嚴》第三十二卷裡，善財童子與妙樂長者之間的對話[1]，此段的梵語文本已亡佚。年輕的朝聖者善財來到妙月長者的住處，他在漫長艱辛的朝聖過程中曾向其他聖者求法，此時他也向妙月提出同樣的問題：「我已達到至高無上的覺悟，但尚未具備學菩薩行、修菩薩道的智慧，願聖者為我開示。」

妙月因無垢智光明而得到菩薩解脫，善財深感欽佩，他懇切請教妙月怎麼修行才能得此解脫。

妙月：「若有般若波羅蜜心，並與般若波羅蜜相應，就能得到菩薩解脫。」

善財：「聽聞般若波羅蜜言說章句，就能自我證悟嗎？」

妙月：「不能。為什麼？因為般若波羅蜜洞悉萬事萬物的真實體性。」

善財：「難道不是先聽聞再思考，然後透過思考與論證得見真如，進而自我證悟嗎？」

妙月：「不是。自我證悟從來不是來自單純的聽聞與思考。善男子，我來打個譬喻，你聽聽吧！大沙漠裡沒有泉也沒有井，春夏炎熱時，有旅人從西向東行，遇到一個

1　此段摘自唐代般若翻譯的漢譯《四十華嚴》，他是經律論的專家。

從東方過來的人，他問對方：『我又熱又渴，何處有水跟清涼樹蔭？我想飲水、沐浴、休憩，解除渴熱。』

對方提供了他要求的所有資訊，並告訴他：『從此地往東，會碰到一左一右的岔路。選擇右邊那條路，一直往前走就會碰到甘泉和清涼樹蔭。』善男子，你認為這位口渴的西方旅人會因為聽到甘泉和樹蔭、想到自己將盡快前往該處，就解除熱渴、獲得清涼嗎？」

善財：「不行。他必須依照指引抵達目的地，飲用泉水、在泉池裡沐浴，才能解除熱渴、獲得清涼。」

妙月：「善男子，菩薩亦是如此。單單僅是聽聞、思考和智性理解，什麼也證悟不了。善男子，故事裡的沙漠意指生死，西方旅人意指眾生，熱意指困惑，渴意指貪愛，東來之人意指佛菩薩，他擁有一切智，已參透萬物真性與平等實義；飲清淨泉水解除熱渴，就是靠自己的力量證悟真實。

善男子，我再給你打個譬喻。假使如來在世間再度一劫，發揮一切手段，用巧妙的言詞說服眾生相信天上甘露有色香味美、柔軟妙觸等種種優點，你認為眾生會因為聽了他的話、想到甘露，就知道甘露是什麼味道嗎？」

善財：「不能。」

妙月：「因為僅是聽聞與思考，絕對無法使我們證悟般若真性。」

善財：「菩薩能以怎樣的善巧宣說，帶領眾生證悟真實？」

妙月：「菩薩證悟的般若真性，就是他言說的真正源頭。因為他已得此解脫，所以能為眾生善巧宣說。」

由此可見，無論菩薩使用怎樣的善巧宣說來引導眾生，必然都是源於自身的證悟經驗。同樣地，無論我們有多相信菩薩，在我們親身體驗並且從體驗中生出感悟之前，我們不會知道真正的信念有多珍貴。

回顧一下《楞伽經》[2]：「究竟真理（paramartha）是透過聖智（aryavijna）的內在體驗，超越語言與分別，無法以言說充分表達。凡是能夠言說的，皆是因緣生滅的產物。究竟真理超越『我』與『非我』的對立，而語言文字是對立思維的產物。究竟真理是心，心超脫一切內外之相，無法以語言文字描述，亦無法藉由分別來顯現。」

佛教思想裡經常出現「分別」（discrimination）這個詞，與之呼應的是智性或邏輯

2　請參考作者的《楞伽經》英譯本。

論證。佛教認為，「A」與「非A」的二元對立，是我們無法理解究竟真理的根本原因。這種二元對立叫做分別。一旦有所分別，就會落入生死的漩渦。一旦身陷漩渦就無法解脫，無法證得涅槃，無法成佛。

我們可能會問：「真有可能得到這種解脫嗎？禪宗能做到嗎？」

我們說自己活著，意思是我們活在這個二元對立的世界裡。因此從這個世界解脫，可能指的是離開這個世界，或是用某種方式與世界斷絕關係。無論是前者還是後者，都是抹除自己的存在。可以說，解脫就是自我毀滅。佛教是在教人自我毀滅嗎？不了解佛教真義的人，常常會如此詮釋解脫。

其實這樣的詮釋還不算是「解脫」，也不符合佛教的「無分別」思維。這就是禪宗派上用場的地方，因為禪宗主張的是「教外別傳」、「不立文字」。下面這則問答就是很好的例子。

石霜問道吾[3]：「師父百年之後，若有人問我佛法的究竟真理是什麼，我該怎麼說？」

3　《傳燈錄》第十四卷，〈道吾圓智〉。

道吾沒有回答，而是呼喚服侍他的沙彌。沙彌說：「師父有何吩咐？」道吾說：「添滿淨瓶裡的水。」沉默良久之後，他才開口問石霜：「你剛才問我什麼？」石霜又問了一次。這次道吾起身走開。

身為優秀的佛門弟子，石霜在智性上當然已經完全掌握佛教思想。他之所以向師父請教佛法的究竟真理，是為了從禪宗的角度理解佛法。道吾非常清楚石霜的用意。他如果想用哲學思維來說明，當然可以引經據典，冗長地細細分說。但道吾可是一位禪師呢，他知道這種方式有多麼無用和徒勞。所以他呼喚沙彌，沙彌也立刻回應。他叫沙彌幫淨瓶添水，沙彌馬上幫淨瓶添水。他沉默良久，因為他已無話可說、無事可做。佛法的究竟真理就是如此，不多不少，不偏不倚。

道吾心懷慈悲，應該說太慈悲了，所以才會問石霜剛才問了什麼。但不夠聰慧的石霜沒看出剛才眼前發生的事是何用意。他傻傻地又問了一次師父已經回答的問題。所以這次道吾直接離開。事實上，突然起身離開的行為本身就道盡了一切。

有些人會說，這樣的回答令提問者摸不著頭緒，非但沒有得到答案，說不定還變得更加無知。哲學性或說明性的定義，真的能讓提問者滿意嗎——亦即，能幫助提問者理解究竟真理嗎？提問者原本就有以概念形態存在的知識，這樣的知識就算增加了，也無益於掃除疑惑——亦即，對證實他的佛學信念毫無助益。單純的累積知識、儲存陳舊的概念，只會扼殺真正的解脫。我們太習慣得到所謂的「說明」，而且以為一件事只要被「說明」了，就不需要再對其提出疑問。但是，最好的說明就是親身體驗。親身體驗是成佛的不二法門。佛教修行的目標是活得真實也活得充實，而不是用各種說明填滿人生。

再舉一個禪宗處理這種問題的例子。德山禪師曾說：「問即有過，不問亦有過。」這與哈姆雷特的「要活還是要死？這是個難題。（To be or not to be? That is the question.）」有異曲同工之妙。這是自從意識存在以來人類一直反覆思索的問題，是詛咒，也是祝福。僧眾裡有一個僧人走到德山面前，按照參問師父的規矩向他鞠躬禮拜。但僧人禮拜到一半，就被德山打了。僧人當然不解其意，提出抗議：「我才剛開始禮拜，為什麼打我？」德山說：「我等你開口做什麼？」[4]

從所謂的「宗教」觀點來說，這則問答完全看不出一丁點虔誠、信仰、慈悲、仁愛。禪佛教的宗教性在哪裡？我不打算討論這個問題。我只想說，佛教（包括禪宗及其

4 《傳燈錄》第十五卷，〈德山宣鑒〉。

他宗派）有一套特別的語彙，佛教徒根據自己的心理狀態以及思維與感受，利用這些語彙表達自己的心靈體驗。

接下來，我們要分析後半兩句話：「直指人心，見性成佛。」這裡的「心」、「性」、「佛」是什麼意思？

這裡的「心」指的不是邏輯思考的心智，也不是心理學家描述的心理感受，而是藏在思考與感受底下的「心」。這裡的「心」是cittamatra（唯心），也就是《楞伽經》討論的主旨。這個「心」也叫做「性」，亦即「自性」（svabhava），是建構萬事萬物的基礎。當我們深入探索一個有思想且有感情的主體時，「心」被視為探索的終點；「性」則是客體性的極限，是本體（ontology）的邊界。本體邊界即是心理邊界，反之亦然。因為觸及本體邊界，就是觸及心理邊界。差別在於起點不同，一個是由外向內，一個是由內向外，但最後都會抵達所謂的一致。明心自能見性；見性即是明心。「心」與「性」同為一體。

「佛」是徹底理解「心」且一舉一動都合乎「性」的人——也就是「覺者」。佛是性的具體化身。因此我們可以說「性」、「心」、「佛」是三個不同的基準點；只要改變角度，表達的方式也會隨之改變。這四句話所傳遞的禪宗理想是直接掌握真實，不受任何主體性、智性、道德、儀式等因素侵擾。

直接掌握真實就是般若的覺醒，般若的意思是「超越的智慧」（transcendental wisdom）。覺醒或證悟的般若，叫「般若波羅蜜多」（prajna-paramita）。我們能夠對精神生活提出的任何疑問，都可以在超越的智慧裡找到解答。因此，智慧不是我們熟知的智性；智慧超越一切辯證。智慧不是推論的分析過程，不是一步一步的論證，而是一舉飛越衝突與相互制約的深淵。所以「般若」後面才會加上「波羅蜜多」，意思是「抵達彼岸」。

般若的覺醒是跨越智性的困境，這是一種出於意志的行為。由於般若洞察自性，所以亦帶有智性的成分。般若既是意志，也是直觀。禪宗與意志力的鍛鍊密切相關，正是因為如此。切斷無名與分別的束縛絕非易事；唯有將意志力發揮到極致，才有可能做到。智性猶如延伸在懸崖邊上的樹枝，放開樹枝、任由自己墜入無底深淵——對想要深入探索「心」的人來說，這難道不需要孤注一擲的意志力？有人問禪僧名為禪宗的這條河有多深，僧人立刻抓起橋上的提問者，若非提問者的朋友急忙求情，僧人已把他扔進湍急的河水裡。僧人想讓提問者沉到河底，用自己的方式看看河水有多深。這一跳他得自己來；外人能提供的協助，就是讓他看清這些協助只是徒勞。從這一點看來，禪宗殘酷無情，至少表面上是如此。

這位想把提問者扔進河裡的僧人是臨濟禪師的弟子，臨濟禪師是唐代最偉大的禪師之一。這位僧人在尚未開悟之前，曾參問臨濟禪師什麼是佛法大意，禪師走下禪床一把擒住他，大喝：「快說！快說！」這可憐的僧人才剛入禪門，師父不回答他的提問，反而掐住他的脖子叫他「快說」，把他嚇得不輕，他如何「說」得出來？他想聽師父「說」，而不是自己「說」。他作夢也想不到師父會這麼「直接」，整個人手足無措，茫然失神地立定不動。旁邊的僧人提醒他向師父鞠躬禮拜，他正要向師父行禮之際忽然大悟，明白了佛法大意以及師父為什麼叫他「說」。即便師父以智性的說明回答他，這份領悟仍然是內在成長，而非外部的添加。悟禪就是這樣的領悟。禪宗信仰的基本原則，是以內在體驗的自我成長為目標。習慣了智性訓練、道德勸說或虔誠修行的人，肯定會覺得禪宗很奇怪，和他們的期待大相逕庭。但這正是禪宗在宗教歷史上的獨特之處。自唐代的馬祖道一與石頭希遷禪師充分闡明禪宗特色以來，禪宗一直以相同的方式發展，從未改變。禪宗的主要思想是深入事物，進而了解事物的本質。一般人習慣的作法是像哲學家一樣，藉由外在描述、客觀討論去了解一件事，並試著從各種角度進行，唯獨缺乏內在同化或共感融合的角度。這種客觀的作法是智性的，在某些領域確實有用。但我們不應忘記還有一種方法，且唯有這種方法，能使我們獲得既有效又全面的理解。那就是禪法。

下面舉幾個透過禪法領悟佛法的例子。做為佛教宗派，禪宗沒有一套特定的哲理，而是沿用大乘佛教的思想。禪法是禪宗之所以與眾不同的原因，以禪宗對待生命與真理的態度，會衍生出這種方法是必然的結果。

招提慧朗（公元七三八至八二四年）想認識禪法，所以跑去參問馬祖道一禪師。馬祖問他：「你來求什麼？」

慧朗：「求佛知見。」

馬祖：「佛無知見，知見乃魔耳。」

慧朗不明白這句話的意思，馬祖建議他去找當時的禪學大師石頭希遷，或許石頭禪師能為他指點迷津。慧朗參問石頭禪師：「如何是佛？」

石頭的回答是：「你無佛性。」

慧朗又問：「動物有佛性嗎？」

石頭：「有。」

慧朗：「為什麼我無佛性？」困惑不已的他會這麼問實屬自然。

石頭：「因為你否定自己。」[5]

據說慧朗因此開悟，明白了石頭禪師與馬祖禪師均已指出的真理。

乍看之下，兩位禪師的話在邏輯上前後矛盾。知見為什麼是魔？提問的僧人為什麼沒有佛性？佛教思想不是說眾生皆有佛性，所以眾生皆可成佛嗎？其實人人都是佛或是人人都有佛性，這樣的說法是在陳述事實，不是邏輯論證後的結論。事實先於論證，而不是反過來。因此，禪師希望弟子能親身體驗事實本身，然後如果他們願意的話，根據親身經歷建構一套思想系統。

振朗禪師也曾參問石頭禪師：「如何是祖師西來意？」早期的中國禪宗史裡，這個問題經常出現。意思與「什麼是佛法真理？」相同。

石頭答：「問那根柱子。」

振朗：「我不明白。」

石頭：「我更不明白。」

5 《傳燈錄》第十四卷，〈招提慧朗〉。

聽了最後這句話，振朗俄然省悟。[6]

再舉一、兩個和無明有關的例子。有次石頭禪師看見藥山禪師在靜坐，他問藥山：「你在做什麼？」

藥山：「什麼也不做。」

石頭：「那就是在閒坐。」

藥山：「閒坐是做『閒坐』這件事。」

石頭：「你說你什麼也不做，那你不做的是『什麼』？」

藥山：「連古代千聖也不知道。」[7]

石頭希遷（公元七〇〇至七九〇年）是六祖慧能的年輕弟子，他在青原行思的座下了悟。他的弟子道悟曾問他：「曹溪慧能的意旨誰人能領悟？」

石頭：「會佛法的人。」

6 《傳燈錄》第十四卷，〈興國振朗〉。

7 《傳燈錄》第十四卷，〈藥山惟儼〉。

道悟：「師父已領悟了吧。」

石頭：「我不會佛法。」[8]

這是禪宗創造的奇特情境，領悟的人不懂，未領悟的人才懂——確實非常矛盾，禪宗史上充滿這樣的矛盾。

道悟：「什麼是佛法大意？」

石頭：「不懂就不知。」

道悟：「向上還有轉處嗎？」

石頭：「長空無限寬廣，不礙白雲飛翔。」[9]

若用比較理性的方式來說明佛教思想，那就是一切本來就很圓滿；跨出圓滿的狀態

8 《傳燈錄》第十四卷，〈石頭希遷〉。

9 同上。

去確認自己是否圓滿，這麼做是錯的，將引發無窮盡的否定與肯定，於是需要尋求內心的平靜。對艾克哈特大師（Eckhart）來說，每個早晨都是「美好的早晨」，每天都是幸福的日子。這是冷暖自知的個人經驗。當我們得到解脫時，我們會知道自己解脫了。在那之前，無論你怎麼打探詢問，都不會知道解脫是什麼感覺。

有僧人問石頭禪師：「如何是解脫？」石頭說：「誰束縛你？」

僧人：「如何是淨土？」

石頭：「誰弄髒你？」

僧人：「如何是涅槃？」

石頭：「誰將生死交給你？」[10]

「心」、「性」、「佛」或「佛性」——講的都是同一個概念，只是表達方式不同。這個概念就是大肯定（Great Affirmation）。讓我們得到大肯定就是禪宗的用意。

10 同上。

第三章 解讀禪的體驗（一九三九）

1

禪佛教思想屬於大乘佛教思想，因為大乘佛教是禪宗的起源。但是禪宗誕生於中國，生活在這塊土地上的民族，心理或思維都和孕育出佛教的印度人大不相同。我認為，自龍樹菩薩、婆修盤頭尊者以及直接受教於他們的弟子以降，佛教已經無法在它的原生地健康生長；若想將佛教過去一直被忽視的、極為重要的部分發揚光大，就必須移植到另一塊土地上。而佛教漸漸失去活力，正是因為忽視了這個重要的部分。大乘佛教裡最重要的部分在中國的精神土壤裡開枝散葉，那就是禪宗。同樣承襲大乘佛教思想的華嚴宗和天台宗雖然沒有在中國成長茁壯，但禪宗在這裡誕生。這無疑是中華民族創造力對人類心靈文化的獨特貢獻，而禪宗的精神能得到謹慎的保存、禪修的方法能臻於完善，則是日本人的功勞。

要回答「什麼是禪」，很難說出令人滿意的答案。舉例來說，當你問禪是哲學還是宗教信仰時，若以這兩個詞彙的常見定義來說，答哪一個都不對。禪沒有屬於自己的思想體系；它大量使用大乘佛教的語彙，卻不願用特定的思維模式框住自己。禪也不是信仰，因為禪不鼓勵我們接受任何教條、教義或崇拜對象。禪宗確實有寺廟和僧院，這些地方也供奉著佛像與菩薩像（菩薩是將成佛者），但若是僧人覺得粗魯對待這些東西有助於闡明主旨，他們絲毫不會猶豫。禪師最重視的是某一種親身體驗，這種體驗會以最具禪意的方式顯現出來。禪師認為這些方式建構了禪宗的基本特色，使禪宗有別於其他佛教宗派，也有別於世界上其他宗教或哲學的思想體系。現代學禪的人除了必須仔細研究禪的體驗本身，也要探索禪的體驗從古至今的顯現方式。

2

學禪意味著要有禪的體驗，少了禪的體驗就無禪可學。但是光有體驗還不夠，要有辦法把體驗傳達給別人才行；沒辦法充分表達出來的體驗猶如死物。人類應當能夠說出自己的體驗。體驗是自我覺察（self-consciousness）。禪的體驗需要有禪的覺察為基礎，也需要有表達的方法，如此才算完整。接下來我會提供一些線索，幫助讀者了解何謂禪的覺察。

長慶大安（寂於公元八八三年）是住在大溈山的禪師，他曾在上堂時告訴眾弟子：「有與無（的概念），如藤倚樹。」

疏山聽聞之後，不惜長途跋涉，想請大安禪師解釋這句深奧的話是什麼意思。疏山到的時候看見大安禪師正在砌泥牆，他走上前去問道：「你真的說過：『有與無（的概念），如藤倚樹』這句話嗎？」

大安：「是啊，朋友。」

疏山：「忽然樹倒藤枯，該怎麼辦？」

大安禪師放下手裡的托泥板，哈哈大笑走回自己的屋子。疏山跟了上去，不滿地說：「師父，我為了求得此法足足走了三千里才來到這兒，甚至賣掉衣物籌措路費。你為什麼戲弄我？」

大安禪師很同情這位貧困的僧人，吩咐僕從給他回程的旅費，並且告訴疏山：「有一天你將遇到稱號『獨眼龍』的禪師，他會為你點破。」

後來疏山遇到明招禪師，他把自己去找大安禪師的遭遇告訴對方。明招禪師說：「大安完全沒做錯，只可惜沒遇到知音。」疏山問了明招禪師同樣的問題：「樹倒藤枯，該怎麼辦？」明招禪師說：「那就叫大安再笑一次！」疏山聞言大悟，感謂：「原來大安笑裡有刀。」說完朝大溈山的方向恭敬禮拜。

3

這則公案最令人吃驚的是，問題與答案八竿子打不著。常識或邏輯都告訴我們，那句「有無」的陳述與禪師的笑聲之間毫無關聯。後面會提到圜悟的例子，師父給他的回答也是這樣。「有無」是處理抽象概念的哲學問題。我們的思想都是從「有無」之間的對立出發，少了這種二元對立，推理論證就無法進行。因此疏山提出一個最根本的問題：「如果沒了有與無的概念，我們的思想體系會變成怎樣？」樹倒了，藤自然會枯萎。「無」是「有」的存在前提，反之亦然。唯有意識到有與無的基本二元對立，我們才能理解這個自相的世界。少了這種二元對立，我們將何去何從？陷入絕對的虛無嗎？這個問題同樣難以想像。這種二元對立是否本就不該拿來討論？但它就在我們眼前；我們擺脫不了這個生死對立的世界，而眼下的世態又無法滿足我們在道德與精神上的需求。我們一直渴望著超越二元對立，因為它似乎不是最終狀態；它指向某種層次更高、更深刻的東西，這正是我們想要理解的。我們必須超越二元對立的互相制約，但如何才能做到？這才是疏山真正想問的。

執著於二元對立的互相制約（亦即二元對立的世界），永遠不會感到圓滿；焦慮不安總是如影隨形。有／無或生／死的問題必定深深困擾著疏山，若用基督教的說法，他糾結的是靈魂永存的問題。當他聽聞大溈山的大安禪師說了那句話，他認為這位師父能為他指點迷津、消除焦慮。他變賣僅有的財物，靠微薄的路費千里迢迢來到大溈山。他看見正在砌牆的大安禪師，急忙上前請對方開示：「當世界度完此劫，大千萬象化為灰燼時，人類、人類靈魂與靈魂永存將何去何從？」

這既是形上學的問題，也是宗教問題。不以純粹智性的思路處理這個問題，它就是宗教問題；以抽象概念來思考這個問題，它就是形上學的問題。這是禪佛教獨有的特色。我們可以稱其為實踐的哲學（practical philosophy），而大安禪師用笑聲回答疏山，體現的正是這種實踐性。疏山以形上學思路處理有／無的抽象概念，但他的實踐思路把這個抽象概念轉化成具象事物之間的關係，例如藤蔓和松樹。可是疏山的實踐思路碰到大安禪師的極度實踐性，立刻潰不成軍：拋下托泥板，哈哈大笑直接回房。大安禪師純粹以行動實踐，疏山仍在語言象徵的層次；也就是說，疏山停留在概念層次，離生活實踐還很遠。

4

人類是群居動物，因此具有社會性和理性，我們渴望把自己的經驗傳達給其他人，無論是想法、事件或感受。傳達需要媒介。人類發明了各式各樣的溝通媒介，能將這些媒介運用自如的人是人類之中的佼佼者：哲學家、詩人、各種藝術家、作家、演說家、宗教家等等。但這些媒介不能虛有其表，必須有真實的個人經驗做為基礎。少了這層基礎，這些媒介就算拿來用，也不會與生命產生共鳴。

有的媒介比較容易仿冒，透過精妙的模擬以假亂真。語言就屬於這樣的媒介，無論是有意還是無心，語言是最容易被拿來歪曲造假的媒介。若要傳達層次最高、最根本的經驗，最好的方式是無言；經歷這樣的經驗時，我們會說不出話，幾乎目瞪口呆。

關於傳達媒介還有一個考量，那就是一種媒介無論多麼具有說服力，若對方從未有過強度稍低的類似經驗，就無法達到預期中的效果。這好比把一顆珍珠扔到豬面前是很浪費的，因為豬不懂珍珠的價值。反之，如果雙方都有過性質類似的經驗，就算只是伸出一根手指也能觸動心靈機智的共鳴，彼此心領神會。

禪師擅長使用媒介（包括聲音與行為）傳達自身禪的體驗，若提問者的心智已臻成熟，立刻就能領悟禪師的意圖。此類媒介會「直接」且「立即」發揮作用，彷彿媒介就是體驗本身——猶如內心深處的互相呼喚。這種直接發揮作用的情況，可比擬為兩面澄澈明鏡互相映照，中間毫無阻礙。

5

大安禪師與疏山的故事中，疏山仍是文字與概念的囚徒，無法靠自己理解真實。他的心充滿有與無、樹與藤、生與死、絕對與制約、因與果、業與涅槃等想法；他對真實缺乏直接的、不靠任何媒介的理解。正因如此他才會跋涉千里，跑去參問一個業餘的泥水匠。這位泥水匠其實是不折不扣的大師。疏山像藤蔓一樣，以邏輯纏繞著有／無的問題，大安禪師並未與他爭辯。他不談絕對，不講矛盾辯證，也不提有／無二元對立背後的基本假設。他只是放下手裡的抹泥板，哈哈大笑，然後快速走回房間。

我們不妨想一想：疏山的問題有什麼好笑的地方？人類總是很怕眼前的東西會瓦解，尤其害怕肉身死去和來生（若有來生的話）。對任何人來說，這似乎都是相當自然的感覺，大安禪師為什麼覺得好笑？而且光笑還不夠，他甚至拋下手裡的工具、停止砌牆，回到安靜的房間裡。他的意思是最好什麼也別問，及時行樂，接受眼前發生的一切，看見好笑的事就笑，碰到令你想哭的事就哭；也就是說，全盤欣然接受？或許他的意思是就算世界末日到來，他也想在世界結束時樂在其中？或許他想說的是任何事都不會結束——萬事萬物永恆不變，相對的世界只是表象——樹不會倒、藤不會枯，所有以相對觀念和表象為基礎的概念性猜測都不成立？或許他只是在笑提問者很蠢，蠢到沒有發現自己的心中除了深切擔憂樹倒藤枯之外，還有別的東西正在運作。大安禪師的行為裡，可能蘊藏著如此多樣的意義。但是從禪宗觀點看來，他想說的是人類要親自體驗意義本身，把智性詮釋留到必然會隨著體驗而來的、禪的覺察出現之後。

總之，疏山無法明白大安禪師的笑聲，或者可以說，他無法明白笑聲背後或笑聲裡的深意。他後來跑去找「獨眼龍」明招，希望能對自己深陷其中的情況有所領悟。可是，明招沒有提供任何合理的、能滿足哲學探索者的智性說明；他只說疏山的提問會令大安禪師再笑一次。他肯定了大安禪師的回應，令人摸不著頭緒，但神奇的是，疏山因此領悟大安禪師的深意。他心中豁然開朗，僅能朝著大溈山的方向恭敬禮拜，表達由衷的感激。

6

這則公案從頭到尾，沒有出現任何形式的形上學討論，也沒有任何宗教儀式，例如告解、懺悔和苦修；同樣地，也沒有提及罪惡、神、祈禱、對永恆之火的畏懼和請求寬恕。故事始於關於有和無的哲學探詢，還用了藤蔓纏繞樹木做為比喻，可是得到的答案完全偏離提問的方向——遠遠超出一般人對類似情境的期待。放眼人類思想史，找不到能與這種獨特的禪學互動相提並論的例子。更獨特也更難理解的是，提問者疏山最後竟然領悟了禪師怪異行為的深意，因為禪師顯然解開了有／無的二元對立糾纏。

7

臨濟義玄也有過與這則公案類似的經驗，我放在我的《禪佛教論集》[1]裡，引述如下：

臨濟義玄（寂於公元八六七年）是黃檗禪師的弟子，也是臨濟宗的創始人。他的禪的體驗展現了幾個有趣的特色，在那個尚未流行用公案禪修的年代，這些特色或許可視為典型的正統風格。他在黃檗禪師門下學禪數年，有一天，首座僧問他：

「你來這裡多少時候了？」

「三年。」

「你參問過堂頭和尚嗎？」

「不曾。」

「為什麼？」

1 *Essays in Zen Buddhism*, II (London: Luzac & Co. 1933), pp. 33-35.

「因為我不知道要問什麼。」

首座建議：「你可以問他：『什麼是佛法大意？』」

臨濟跑去請教黃檗禪師佛法大意，但話還沒說完就被禪師打了幾下。

首座見他回來，便問他請教禪師的結果。臨濟傷心地說：「我聽你的話去參問禪師，結果被禪師打了幾下。」首座叫他不要氣餒，再去問一次。臨濟參問黃檗禪師三次，每一次都被打，可憐的臨濟完全不懂自己為何被打。

最後臨濟認為不如去參問其他禪師，首座同意了。黃檗禪師建議他去找大愚禪師。

大愚禪師問臨濟：「你從何處來？」

「黃檗那裡。」

「黃檗說了什麼？」

「我三度問佛法大意，三度被打。但我不知自己有過、無過？」

「黃檗像老太婆一樣心軟，你竟然還敢來問你有過無過。」

受到斥責的臨濟恍然大悟，明白了黃檗禪師看似殘酷的對待。他大喝：「原來黃檗的佛法也不過如此。」

大愚聞言立刻抓住臨濟的領子，說：「剛剛還問我自己有過無過，現在居然大言不慚，說黃檗的佛法也不過如此。這是什麼道理？」

臨濟一語不發，握拳在大愚肋下輕敲三次。大愚鬆開臨濟，說：「你的老師是黃檗，你和我毫無干係。」

臨濟回到黃檗禪師面前，黃檗問他：「你怎麼這麼快就回來了？」

臨濟：「因為你像老太婆一樣心軟！」

黃檗：「等我見到大愚那傢伙，一定要揍他二十下。」

臨濟：「不用等，現在就可以！」說完就用力拍了黃檗禪師一掌。

老禪師開懷大笑。

8

臨濟的故事不是以笑聲回答，而是更令人害怕的方式，因為他被禪師打了非常多下。但其實無論是棒打、大笑、腳踢還是掌摑，差別都不大，重要的是這個經驗直接來自禪師。臨濟一開始也不懂黃檗的用意，跑去請教大愚。大愚的解釋是一句充滿善意的評語：「黃檗像老太婆一樣心軟！」黃檗揮棒痛揍臨濟，是為了喚醒心靈萎靡的臨濟。

從這些公案可明顯看出，禪的體驗是一種非凡的體驗。它是一種哲學？還是一種宗教？它屬於哪一種信仰宗派？在人類文化的歷史長河中，禪的體驗絕對獨樹一幟。

為了說得更清楚一點，我要再舉一則跟有／無二元對立有關的禪宗公案。

宋代的圜悟與大慧也討論過同一個問題。圜悟問弟子大慧對樹與藤的問題有什麼見解。每當大慧想開口回答，圜悟都說：「不是，不是。」過了大約半年，有天大慧問圜悟：「你以前問過五祖法演一樣的問題，不知五祖是怎麼回答的？」圜悟笑而不答，但大慧不放棄，說道：「那時你是當眾問的，現在告訴我五祖的答案又何妨。」圜悟不得已才說：「我問五祖有無概念的問題時，他的回答是『描也描不成，畫也畫不就！』我追問：『樹倒藤枯怎麼辦？』五祖說：『你設阱自陷！』」

圜悟說完，大慧立刻茅塞頓開，他終於徹底領悟這個問題的真義。於是圜悟說：「現在你知道我沒騙你了。」

9

其實「有與無（的二元對立世界），如藤倚樹」這句話，把我們身處的現實世界描繪得很貼切。智性上，我們不可能超越現實。哲學家嘗試用邏輯解釋生命底部的這種基本矛盾，確實得到程度不一的成果，再不斷被後人推翻取代。或許有一天，哲學家能為人類的推理論證想出一套無懈可擊、最終版本的邏輯或辯證法。就連對根本經驗感受豐富的哲學家本身亦極度渴望得到心靈平靜，何況是智性天賦不如哲學家的人，可是邏輯論證不一定能帶來心靈平靜。也就是說，我們不能坐等完美的思想體系出現，用最完善的方式一舉解開生命和世界裡的所有謎團。我們迫不及待想要看見更加實際且快速有效的方法。宗教的作法是訴諸信仰，就算智性上的理解碰到重重困難也沒關係，只要相信神一定會保佑我們就行了。不用搞懂有／無二元對立，超出智性理解的問題統統交給神。我們因神而存在，相信神會以某種方式把萬事萬物安排妥當，這使我們不再需要懷疑和擔憂。

但是，禪宗的解脫跟宗教不一樣。禪宗用來消除懷疑與擔憂的作法是某種內在體驗，不盲目接受教條。禪宗希望我們從內在體驗到事物的真如本性——有／無二元對立——這是無法用智性或辯證加以描繪的，再多的語言文字也不能說明（亦即論證）生命和世界「是什麼」以及「為什麼」。聽起來或許很負面，對精神生活沒有正面幫助。但真正的問題是每次我們想談論超越智性的主題時，總是很自然也很難免地從智性本身出發。這使得討論禪的體驗或其他類似的主題聽起來很空洞，彷彿沒有絲毫正面價值。禪宗想要徹底翻轉這種情況，先立足於禪的體驗，然後用體驗本身的視角去觀察事物——也就是有／無的世界。這或許可稱為絕對立足點。慣常的秩序在此被翻轉；正面變成負面，負面變成正面。「虛」是實，「實」是虛。花不再是紅色，柳不再是綠色。我們不再是業、因果、生死的玩物。無常世界的價值觀不再是永恆不變的；世俗觀點的善非善，惡亦非惡，因為善惡都是相對的價值。同理，有／無二元對立只會在我們的相對觀念和論證理解裡才成立。有了禪的體驗後，萬事萬物換上全新的秩序，視角徹底改變，因此你會透過永恆的觀點（sub specie aeternitatis）去凝視（contemplate）一個充滿無常和萬象的相對世界。這或許正是「描也描不成，畫也畫不就」的涵義。

10

我們是否可以說，禪宗教導的是一種對生命與世界的神祕凝視？在回答這個問題之前，我想先回到前面提過的圜悟與五祖的故事，他們也深刻討論過有／無的問題。

圜悟問五祖樹倒藤枯怎麼辦，五祖的回答鏗鏘有力：「你設阱自陷。」其實光有禪的體驗還不夠，若要清楚傳達禪的體驗，不只是傳達給他人，也包括傳達給自己，那就不能沒有禪的覺察或禪的辯證。禪的體驗需要一定程度的合理化。它想要表達，想要自我肯定與自我覺察。為了做到這一點，禪宗另闢蹊徑──開創了一種與眾不同的方法。既然禪的體驗是「描也描不成，畫也畫不就」的完美境界，我們該如何討論有與無、樹與藤、生與死、融合與對立、內在與超越、破壞與建設、樹倒與藤枯以及縮減至空無呢？這些觀念和類別，都是我們為了在這個強調行動與效用的世界裡方便行事發明出來的工具。但如果我們不知道如何隨著情境變化善用這些工具，它們會反過來對付和妨礙我們；也就是說，我們會被工具束縛和奴役。禪的體驗用不恰當的方式傳達，會反過來造成傷害。禪的體驗是一把雙面刃，使用時須謹慎小心，在這方面禪宗遵循的是傳統作法，這種作法源自大乘佛教思想，後來又進一步融入中國的精神文化。

11

我不確定禪宗能否歸類為神祕主義。西方所理解的神祕主義通常始於二元對立，結束於統一或認同。禪宗接受二元對立的本來面目，不打算讓對立的雙方合而為一。禪宗並非從二元論或多元論出發，而是希望我們得到禪的體驗，用禪的體驗去審視真如世界。禪宗確實使用大乘佛教的語彙，但更傾向於訴諸具體事物和現象。禪宗不會將這些事物和現象歸結為「一」——也就是一種抽象概念。當萬事萬物歸結為「一」，禪宗會問這個「一」還能歸結為什麼。若一切都來自神、住在神裡且回歸於神，禪宗想知道這個神在何方或住在哪裡。如果容納萬事萬物的大千世界都歸融於梵（**Brahman**，終極實在），禪宗要我們指出梵的位置。如果肉身死後靈魂不滅，禪宗要我們把靈魂找出來，將它帶到大家面前。

有人問禪師，他死後將歸於何處。禪師說：「仰躺曠野，四腳朝天。」另一位禪師被問到涅槃的不生不滅時，他答道：「落葉流水，秋月孤峰。」還有一位禪師上堂說法時，一開口便說：「再會！」過了一會兒，他又說：「哪個不懂，現在站出來。」一位僧人上前，向禪師恭敬禮拜。禪師高聲說：「真是痛苦！」僧人站起來，正欲發問，禪師「喝」地一聲把他趕出去。另一位僧人上前，問道：「（能傳達究竟真理的）精妙之語是什麼？」禪師說：「你說呢？」細細品味這些禪宗問答（對話），哪裡有神祕主義的痕跡呢？禪師完全沒有暗示將自我寂滅或消融於絕對，也沒有暗示應把世界拋入涅槃深淵。

12

我相信神祕主義者大致上會同意這樣描述神：「神不是人類能夠理解的『對象』。神完全超出可知的範圍，關於神的事，人類怎麼說都不對。」「『別開口，』艾克哈特大師布道時說，『不要妄議神（也就是神格〔Godhead〕），因為無論你用怎樣的言詞談論神都只是謊言，而且是罪惡的。』『如果我說神是良善，這句話不對；因為良善能變成更良善，能變成更良善的還可以變成最良善。這三樣東西（良善、更良善、最良善）絕對不是神，因為神在一切之上。』也就是說，神至高無上，不能如此定義區分。因此描述差異與特性的言詞，都不能用來形容神格。艾克哈特大師提到神，最常用的詞是『無言的神格』、『無名的虛空』、『赤裸的神格』、『不動的靜止』、『無人居住的寂靜荒野』。」（Rufus Jones, *Studies in Mystical Religion*〔London 1909〕, pp. 225-226.）

無論是多麼虔誠的神祕主義者，都無法避免使用「神」、「神格」等詞彙或類似的相應概念。但禪宗不是這樣。禪宗避免使用抽象詞彙，我相信不一定是出於刻意，而是必然的結果。若有人用這類抽象詞彙提問，禪師會斷然回絕，讓提問者明白他們沒有親身理解何謂生命。瑞巖師彥問巖頭（公元八二九至八八七年）：「什麼是本來的常理？」

巖頭：「動也。」

瑞巖：「動時如何？」

巖頭：「不再是本來的常理。」

瑞巖聽完思索良久。巖頭又說：「你一開口肯定，就脫離不了紅塵俗世；不開口肯定，就陷入生死之海。」

巖頭不願看見弟子執著於本來的常理，也不希望弟子離本來的常理愈來愈遠。他知道禪宗既不肯定亦不否定，禪是事物的本來面目。禪師不是神祕主義者，他們的思想也不是神祕主義。

13

在這方面，禾山禪師碰到有人問他與佛、心、真有關的問題時，總是能說出寓意深遠的答案。

禾山（寂於公元九六〇年）經常引述僧肇的著作《寶藏論》裡的這段話：「習學謂

之聞，絕學謂之隣。過此二者，謂之真。」

有僧人問禾山：「什麼是真？」

禾山：「我會打鼓。」

還有一次，一位僧人問道：「什麼是第一義？」

禾山：「我會打鼓。」

另一位僧人問禾山：「我不問『即心即佛』，我想知道的是『非心非佛』。」

禾山立刻回答：「我會打鼓。」

又有一次，一位僧人問他：「若遇見已達到最高證悟的人，該如何對待？」

禾山的回答依然是：「我會打鼓。」

容我說一下禾山在成為僧人之後，很可能真的會打鼓。而且說不定他在說「我會打鼓」的時候，真的一邊打著鼓，或至少做了打鼓的動作，還節奏分明地打拍子「咚咚咚，咚咚咚！」

你口中的「這個」或「那個」無論多抽象、多普遍，依然是從多元萬象裡挑出來的、特定的「這個」或「那個」，因此它就是多元萬象的一部分。只要我們是我們，就一定會有這麼多「這個」或「那個」。想要逃脫這種無限循環只能打鼓，或是拿著飯碗手舞足蹈，或是高聲唱著「啦啦啦！」

14

有個比丘尼叫劉鐵磨，有天她去找溈山禪師（寂於公元八五三年）。（據信溈山是靈佑禪師的諡號，他在溈山（又名大溈山）創立了溈仰宗。）禪師看見她，說道：「老母牛，你來啦？」這聽起來像是在說：「像你這樣的老太婆最好待在家裡，安穩享受漫漫春日。你離開清淨的茅舍做什麼？跑這一趟實在沒必要！」比丘尼說：「明天是台山大會齋，你要去嗎？」這是假話，因為台山在北邊，溈山在南邊，兩地相隔數千里，這位比丘尼怎麼會知道台山有大會齋，溈山又怎麼可能飛越這麼遠的距離。她的意思似乎是，即使必須橫越整個大陸，她也要參與這場大會齋，現在來這裡只是小事一件。就算她再怎麼老邁蹣跚，她都是自己的主人，如同太陽從東邊升起，如同庭院裡的貓兒跳起來撲蝴蝶。你也能施展這樣的奇蹟嗎？溈山用自己的方式展現禪師的智慧。他直接往地上一躺。這是什麼意思呢？他寧願安靜小憩，也不願意辛苦奔波千里？安靜躺臥和忙著參與實際活動，兩者都一樣是奇蹟？無論躺在地上還是起身行動，都是究竟實相

（ultimate reality）？那麼，這位比丘尼如何回應呢？她一語不發，什麼也沒做，就這樣默默離去。

這個故事帶來什麼啟示？或許我在這故事裡用了太多禪宗思維。我們不如把它看待成日常生活裡的尋常事件。來了一個訪客，主人向她打了招呼，接著他們（訪客與主人）天南地北閒聊，說到某間寺院即將舉辦盛大會齋。老禪師聊得很開心，但是他很累，所以他睡著了，訪客沒有向主人正式道別就離去——如同老友之間的相處。這件事結束之後，我們只記得美好的友誼，整件事圓滿落幕。

關於溈山與劉鐵磨的這次見面，還能描述得更普通嗎？我們誕生的這個世界裡有許多事件，也有許多意外，我們盡力度過，時候到了就將它們全都放下。如果能前往淨土，那很好；如果不能，那也很好。在這方面我們完全被動，也可說是完全主動——端看我們從什麼視角看待。禪宗沒有往真實的總和上增加半分、減少半分。禪宗是徹底的現實主義，而非神祕主義。

不過我們也別忘了，禪宗不要我們無視那些決定世俗價值的道德思想、期望與感受。禪宗主要關注的是最基本也最原始的東西，至於和世俗生活有關的事，禪宗讓它們留在屬於自己的地方。凡是屬於二元對立範疇的事，都交給道德哲學、宗教、政治學和人類意識等其他領域處理。禪宗想處理的，是這些心靈現象活動底下的本質。

15

神學家魯道夫・奧托（Rudolf Otto）在談到德國哲學家費希特（Fichte）與艾克哈特的神祕主義時，寫道[2]：「對費希特以及艾克哈特來說，得到救贖之人的真實關係是：他知道自己與『一』同為一體，與『生命』同為一體，並非融合卻也絕對融合，與此同時也存在於這個諸法萬象的分別世界裡，不要試圖拆解它，艾克哈特認為應在這世界實現公平正義，費希特認為應在這世界實踐道德文化，兩位老師都主張要把『有』與『生』引入這個『無』與『死』的世界裡。他的行為必須將超越世俗的擁有物成為力量的泉源，以及推動道德和文化活動的力量。」

即使是在艾克哈特與費希特的思想基礎裡，我們仍觀察到有與無、生與死、一與多

2　*Mysticism, East and West*, trans. By Bertah L. Bracey and Richarda C. Payne (New York 1932), 230. By permission of the Macmillan Co., Publishers.

的二元對立。確實，他們有時看似超越二元對立，但因為他們的想法主軸就是二元論，即便短暫探索所謂的神祕融合領域，始終會回到二元對立。禪宗不是這樣，禪宗永遠留在事物的本來面目裡，於是萬象與分別的世界也是空（sunyata）與無分別（avikalpa）的超越世界。禪宗想要嚴防的是不讓我們的意識偏向任何一邊。這不是刻意保持平衡。剛開始禪修時或許是刻意的，但修行的目標是超越人為造作，讓本來面目的原理自行發揮作用。

16

保福（寂於公元九二八年）與長慶（公元八五三至九三二年）在山中散步，保福伸手一指，說：「你看，這便是妙峰頂！」長慶說：「確實是，可惜了！」禪宗厭惡禪的體驗有所偏頗，因為這樣禪的覺察肯定也是偏頗的。這是長慶想表達的意思。

有僧人問百丈懷海（公元七五四至八一四）：「什麼是人世間最奇特的事？」他說：「獨坐大雄峰。」僧人向百丈禮拜，百丈卻打了他。這一打意義深遠，展現出禪宗精神，因為禪宗追求獨立、自主與自由，沒有任何形式的偏頗，偏頗意味著限制和制約。

有僧人問馬祖（寂於七八八年）：「佛法第一義是什麼？」他直接打了這個僧人，說：「我要是不打你這一下，全世界都會笑我。」另一位僧人問馬祖：「什麼是達摩西來意？」馬祖叫他過來就知道。僧人聞言上前，馬祖立刻給他一個耳光，說：「這祕密已經告訴你了。」

從相對性與二元對立來看，會覺得這些禪宗公案一點也不合理；但若是從內心出發，會看到一個大大的「禪」字，這正是解開前述「奧義」的那把鑰匙。禪宗討厭媒介、躊躇思量、冗長多言、權衡利弊。若我們選擇旁觀、沉思、批評、販售概念、操弄語言、堅持二元論或一元論，就不可能直接理解禪。拋棄所謂的常識或邏輯態度，徹底翻轉，直接深入感官察覺到的事物的內在本質，我們才能改正這些錯誤，進而體驗到禪。唯有得到這樣的體驗，才能有智慧地討論禪的覺察，構成禪宗歷史的禪宗公案或問答正是衍生自禪的覺察。

17

因此，雖然禪宗有些特質會令人聯想到神祕主義，但它並非神祕主義。禪宗不講吸收、認同或融合，因為這些觀念都源自二元對立的生命觀與世界觀。禪宗認為萬物本就圓滿，不該分析，也不該拆解成各種形式的對立。如同他們所說，就像一根鐵杵，上面沒有洞也沒有可供揮舞的把手。你握不住這根鐵杵；也就是說，它無法歸入任何類別。可以說，在人類文化、宗教與哲學歷史上，禪宗思想自成一格。

禪宗經常以閃電為比喻，彷彿在處理生命的根本問題時，非常重視瞬間或出於本能的行動。舉例來說，如果有人問你跟神佛有關的問題，你出手擊打對方，說：「這僧人真是蠢到家！」提問和擊打同時發生，你或許認為這種立即性就是禪。大錯特錯。禪宗說的快速，與速度或立即性毫無關係。閃電比喻要說的是：禪的體驗是直接體驗，無須透過媒介。

有人說禪的體驗是直觀的（intuition），而直觀也是神祕主義的基礎。我們使用「直觀」這個詞的時候必須小心。如果我們的直觀預設某種形式的二元對立確實存在，這種直觀就不是禪，應該叫做靜態的或默觀的直觀。如果禪的體驗是直觀體驗，就必須跟這種靜態的直觀加以區分，我們姑且稱之為動態的或行動的直觀。希望以下的禪宗故事能幫助讀者了解，我所說的動態的直觀（禪的體驗）是什麼。

18

我再舉幾則禪宗公案為例，幫助讀者了解禪的覺察是怎麼產生的。這幾則公案隨機選自《傳燈錄》，若能不帶偏見地用心品讀，或許能看見一條隱形的線貫穿每一則公案。

一、有位官員拜訪玄沙師備（公元八三四至九〇八年），玄沙請他一起吃點心。官員問道：「日用而不知是什麼意思？」玄沙彷彿沒聽見對方說話，拿起一塊糕點遞給對方吃。官員吃完又問了一次。玄沙說：「這就是日用而不知！」

二、長沙景岑叫所有弟子去田裡拾柴火。他說：「你們都分得我的力氣。」拾柴火的僧人說：「既是如此，為什麼每個人都要拾柴火？」長沙斥責他們說：「要是你們不拾柴火，廚房哪有足夠的柴火燒飯？」

三、南際長老拜訪雪峰義存（公元八二二至九〇八年），雪峰請他去找玄沙。玄沙說：「古人道，此事唯我能知。長老你有什麼看法？」南際說：「須知，有不求知者。」玄沙說：「那你吃這麼多苦做什麼？」

四、有僧人問玄沙：「什麼是自我？」玄沙說：「你要自我做什麼用？」

五、有僧人跑去找玄沙參問禪法。玄沙說：「幾乎沒人聽。」僧人說：「願直接受師父指點。」玄沙說：「你不是聾了嗎？」

六、雪峰和僧人一起在田裡工作，看到一條蛇。他用木杖挑起蛇，高聲叫大家過來：「快來看！」他舉刀把蛇砍成兩半。玄沙上前，撿起蛇的屍體拋向身後，然後若無其事繼續工作。眾人目瞪口呆，雪峰說：「真是俐落！」

七、玄沙上堂說法，沉默良久之後才開口。他說：「我已將慈悲徹底給予你們，明白嗎？」一位僧人問道：「寂寂無言是什麼意思？」玄沙說：「幹麼說夢話！」僧人說：「請師父說說與我們最切身相關的禪法。」「幹麼作夢！」「就算我真在作夢，那師父呢？」玄沙說：「你怎麼會笨到連痛和癢都分不清？」

19

細看本章引用的禪宗公案，不難發現禪宗思想裡有人類思想與文化史上獨一無二的東西。乍看之下當然充滿理性主義，畢竟禪宗處理的是宗教—哲學性的概念，例如有／無、真／假、成佛／涅槃，這些前面都已討論過。但過了一開始的乍看階段之後，事情會突然朝著出人意料的方向發展，有時會以喜劇收尾，有時是鬧劇，甚至是爭吵。禪宗歷史確實充滿這樣的紀錄。用一般的理性標準來評價這些紀錄完全不恰當，因為這種標準並不適用。可是，膚淺的人可能會一意孤行。他們的世界觀非常狹隘，無法理解有一個世界比他們的世界更加寬廣，超出他們的心智能力。禪宗在遠東地區欣欣向榮，從達摩、慧能、臨濟，到後來的禪師與追隨者（僧人及信眾），都為拓展精神世界和提升人類理想奉獻了巨大心力，光是這一點就足以證明禪的體驗非常實用，無論有沒有證據。

請容我再說一次，關於禪宗，我們只能肯定一件事：它是東方精神的獨特產物，無法用任何已知的標籤來歸類，也不屬於西方人熟知的哲學、宗教或神祕主義。研究和分析禪宗，必須從西方哲學家尚未了解的觀點切入。我相信這方面的研究將帶來豐富收穫，不僅在哲學與宗教上，對心理學與相關研究也有幫助。

第四章
佛學的理性與直觀（一九五一）

1

佛教語彙裡，直觀叫「般若」[1]，理性或思辨叫「識」[2]。般若與識總是互相對照。哲學詞彙似乎不足以用來表達我心裡的想法，但我會盡力說明佛教的「直觀」（intuition）是什麼，以及與之有關的「理性」（reason）又是什麼。

「般若」超越「識」。感官和智性的世界是二元對立的，有觀看者與被觀看者，兩者站在對立面，我們利用「識」在這樣的世界生活。然而對「般若」來說，這樣的分別

1 般若（prajna）是基礎的智性原則，有般若才能夠對整體進行綜合理解。

2 識（vijna）是分別的原則。

並不存在；觀看者與被觀看者完全相同，觀看者就是被觀看者，被觀看者就是觀看者。把「般若」當成「識」一樣分析拆解成兩種因素，般若就不再是般若。般若安於自身的狀態。識的特徵是「分別」，般若恰好相反。般若是對整體的自知（self-knowledge），相對於由部分構成的識。般若是統一的原則（a unifying principle），識是逐項分析。識的運作，不能沒有般若的支撐；組成整體的部分無法獨立存在，能獨立存在就不叫部分了——甚至有可能消失。單純把部分拼湊在一起沒有意義，因此若將佛學裡的諸法（因素）[3]視為個別存在，它們會被稱為無我[4]。「我」是統一諸法的原則，基本觀念是只要諸法的出現沒有涉及將它們統一的力量，諸法就只是彼此不相關的部分，是不存在（無有）的。諸法需要般若才能變得意思連貫、條理清晰而有意義。佛教裡說的無常和苦，不能只用道德與現象學的角度來解釋，還要考慮知識論（epistemology）的背景。沒有「般若」的「識」足以致命；識把個體一一分開，這種個別化的作法使個體變得無常，

---

3 法（dharma）的字根是「dhr」，意指「存在」、「持續」。法有很多意思，包括：「實質」、「存在」、「物體」、「教導」、「教條」、「原則」、「真理」、「法律」、「關聯」、「規範」等等。

4 我（atman）是「自己」、「自由意志」、「主宰自我」的意思。佛學摒棄自我的存在，意思是受到制約的個體不是主宰自我的自由意志主體，因為個體的誕生歸因於種種條件，而這些條件終將消散，受到生死限制的任何個體，都不能視為擁有自由意志與自我主宰的主體。擁有自由意志的主體，是統一諸法的原則。

受制於業報法則。因為有般若，諸法才能透過統一的視角觀察，並且獲得新生與意義。

般若不斷追求最大規模的統一，大到「統一」不復存在。因此般若的任何表達或陳述，自然都超越識的層次。識用智性分析般若的表達與陳述，試圖以自己的方式理解它們，但這是不可能的，答案很明顯，因為般若的出發點本就是識無法看透的。識是分別的基本原則，永遠理解不了般若的寬廣，也正因為識的本性如此，所以般若在它看來匪夷所思。

為了說明這一點，讓我們看看如果沒有識的干擾，般若會說些什麼。這句話很常見：「我不是我，所以我是我。」這個貫穿佛教「般若部」經典的主要思想叫做「般若波羅蜜」[5]，漢譯本多達六百卷。屬於般若部的《金剛經》[6]寫道：「佛說般若波羅蜜，即非般若波羅蜜，是名般若波羅蜜。」用通俗的話來講這句話，變成了：「空手把

5　般若波羅蜜（prajna-paramita）是六度無極（六波羅蜜）之一，分別是：布施（dana）、持戒（sila）、忍辱（ksanti）、精進（virya）、禪定（dhyana）以及般若（prajna），也就是超越的智慧或絕對的知。「波羅蜜」通常譯為「到彼岸」——完成六度無極後，就能度過生死之河。此類經典歸類為般若波羅密的大標題之下，主要闡述般若直觀或曰「空」。

6　《金剛經》是般若部佛經，闡述般若思想的要點。篇幅不長，是很多佛教徒都讀過的佛經，有好幾個英譯本。

鋤頭。」「人從橋上過，橋流水不流。」[7]

「般若的邏輯」也會用另一種方式詰問我們：「不得喚作竹篦；[8]喚作竹篦是肯定，不喚作竹篦是否定。不肯定也不否定，這是什麼，快說！快說！」必須注意的是，般若希望聽者能「快速」理解它說的話，不留時間給人反思、分析或詮釋。因此般若經常被比擬為電光石火。「快速」指的不是時間長短，而是立即反應，沒有思考，不允許其他命題橫插一腳，也不可以從前提一路想到結論。[9]般若是純粹的行為，純粹的體驗。但我們必須記住，般若具有獨特的智性特質，因此般若常常被視為一種直觀行為——不過這種說法需要更全面的檢視。

再說回前面的「竹篦」悖論。佛學大師拿出竹篦，要弟子為它下個定義，不借助智

7　摘自傅大士（公元四九七至五六九年）寫的一首詩，他與菩提達摩是同個時代的人。全詩如下：
空手把鋤頭，步行騎水牛。人從橋上過，橋流水不流。

8　般若哲理大師會利用手邊的任何東西來展示什麼叫般若直觀。拄杖或竹篦（比拄杖短）就是他們常用的工具。有時候他們會問弟子：「我說這不是竹篦。你說這是什麼？」

9　說到闡明「快速」，德山禪師（公元七九〇至八六五年）是箇中高手，他經常揮舞拄杖，也拒絕聽廢話。他曾說：「問即有過，不問亦有過。」有一個僧人走到德山面前，向他鞠躬禮拜，還沒開口說話，就被德山打了。僧人抗議：「我向你禮拜，為什麼打我？」德山說：「我等你開口做什麼？」（見《傳燈錄》第十五卷，122a。本書使用的《傳燈錄》是東京鏡照院於一八八一年印行的版本。）

性，也不可透過客觀的方法，於是出現以下的情況[10]：僧眾裡有人走出來，拿起竹篦，折斷成兩截，然後不發一語就離開。還有一次，回答問題的人說：「我說這是竹篦。」第三種可能的答案是：「我說這不是竹篦。」

禪師上「法堂」說法時，手裡都會拿著拄杖，所以拄杖自然成為他們說法時常用的工具。以下舉幾個實例。

有位僧人問禪師[11]：「什麼是觸目菩提（開悟）？」禪師拿起拄杖追他。僧人嚇一跳，趕緊跑走。禪師說：「真沒用。以後你見到別的禪師可以再問一次。」這則公案不是要用拄杖尋找般若的定義，拄杖只是碰巧登場，並提供了自己的定義。同一位禪師還有另一則公案也提到拄杖。有天他在弟子面前拿起拄杖，說：「我住在山裡三十年，多虧這根拄杖給我氣力！」一位僧人問道：「它給你什麼氣力？」禪師說：「過谿過嶺，東拄西拄。」

10　雲門禪師（寂於公元九四九年）曾舉起拄杖，說：「見拄杖便喚作拄杖，見露柱便喚作露柱，有什麼過？」還有一次他說：「這是什麼？若說是拄杖，入地獄。這不是拄杖，是什麼？」另一次他舉起拄杖，說：「凡夫說這是實有，小乘佛教分析後說這是虛無，緣覺說這是幻有，菩薩說這是空。禪僧見拄杖便喚作拄杖，想走就走，想坐就坐，身處任何情況都不動搖！」（《五燈會元》第十五卷，pp.1-7，一八六一年出版）

11　《傳燈錄》第二十一卷，38b。

另一位禪師聽聞此事後，說：「如果是我，我不會這麼回答。」僧人問：「你會怎麼說？」禪師一語不發，從椅子上起身，拄杖行走。

公元十世紀的雲門禪師也是善用拄杖的禪師，以下引述他的幾句話。[12]他曾說：「天親菩薩無端變成一條粗糙的木杖。」說完便用拄杖畫地一下，說：「塵沙諸佛都在這裡討論佛法真理。」

有一次，雲門在用拄杖畫地一下之後說：「都在這裡！」接著又用拄杖畫地一下，說：「都從這裡出去。珍重！」還有一次，他在僧眾面前拿出拄杖，說：「此杖已變成一條龍，吞下宇宙乾坤。山河大地到哪兒去了？」另一位禪師曾如此形容拄杖：「領悟拄杖，才能通透佛法。」

禪師手裡的拄杖，是既有用又有效的武器。不過下面這幾句雲門說過的話很有意思，禪師沒直接使用拄杖，卻還是揮舞了拄杖。[13]雲門說：「想知道古代禪師怎麼處理此事嗎？德山禪師才看到僧人走過來，立刻舉起拄杖趕走他。睦州和尚才見到僧人進

12 《傳燈錄》第十九卷，23a。
13 《傳燈錄》第十九卷，22b。

門，立刻就說：『快滾！三十棒要來了！』」

雲門所說的「此事」指的是般若直觀，以下這段話[14]是他對般若直觀的看法，雖然從理性主義的觀點看來，這段話並未直接提及般若直觀。「你們不要這麼做：聽見有人談論佛陀和祖師的思想，就問對方知不知道誰是佛陀，誰是祖師？他們為什麼那樣說？又問對方如何超脫三界束縛。且讓我看看所謂的三界是什麼。有什麼見聞覺知阻礙著你？你想像中那個束縛你的分別的世界在哪裡？你想掙脫的束縛是什麼？

古聖看到你們為了妄想和假設所苦，把自己完整放在你們面前，大聲說：『這就是全部的真理！這就是究竟實相！』但我要說：『看清楚！有能讓你區分這個或那個的事嗎？遲疑片刻，就已失去蹤跡！』」

「不可遲疑片刻」「快說！快說！」「當頭三十棒！」禪師的這些告誡直指般若直觀的本性，這種立即性是般若直觀的特色，也令般若直觀被誤認為一般的直觀。正因如此，我想將般若歸類為一種非常特殊的直觀——並稱之為「般若直觀」（prajna-intuition），不同於哲學和宗教語彙裡的直觀。哲學與宗教裡接受直觀的客體（object）

14 《傳燈錄》第十九卷，23a。

是神、真實、真理或絕對，當主體（subject）與客體達到一體的狀態（a state of identification），直觀的行為即視為完成。

但是般若直觀沒有明確的直觀客體。就算有，從路邊的一枝小草到六丈高的金身佛像，都可以是直觀的客體。[15]般若直觀的客體，不是精心論證之後假設出來的概念，不是「這個」或「那個」，也不想依附在特定的客體上。佛學大師愛用拄杖是因為拄杖一直在手邊，他們拿到什麼就用什麼，來者不拒。如果旁邊有條狗，為了闡明佛性無所不在，禪師會毫不猶豫把狗踢到發出哀號。[16]禪師會切斷童子的手指尖，要他明白舉起手指的意義——這是某位禪師回答提問時最常用的方法。[17]不管是打破碟子、杯子、鏡子，[18]翻倒擺滿食物的餐桌，[19]還是拒絕提供食物給飢餓的行腳僧，[20]禪師的心裡只有一

15《傳燈錄》第五卷，80。
16《傳燈錄》第十九卷，25a。
17《碧巖錄》第十九卷。
18《傳燈錄》第十一卷，86b。溈山寄了一面鏡子給弟子仰山，仰山上堂說法時拿出鏡子，問僧眾：「這是溈山的鏡子，還是仰山的鏡子？誰答得出，我就不打破鏡子。」僧眾皆說不出答案，仰山就把鏡子打破。
19《臨濟錄》（京都，一六四八年）。有次普化與臨濟受邀赴齋宴，臨濟說：「毛吞巨海，芥納須彌，這是什麼意思？」普化二話不說就把餐桌掀翻。隔天他們再次受邀外出。臨濟說：「今天的齋宴和昨天比起來怎麼樣？」普化再次翻桌。臨濟說：「太粗魯了！」普化立刻反駁：「佛法沒有粗細之分。瞎漢！」

個念頭，那就是幫助求法的人領略佛教思想。

展示何謂般若直觀的方法千變萬化，因此禪師就算提出相同的問題，也會有無限種答案，沒有固定的樣板可套用。這一點，從拄杖的例子就能看出。若從識的思維去理解拄杖，答案將是否定或肯定二擇一，不可能是兩者同時成立。這與般若直觀不同。般若直觀說拄杖既不是拄杖，也是拄杖；而禪師要求提問者超越肯定與否定，他的要求既被無視，也可以說沒有被無視。肯定和否定都對，這取決於你有沒有般若直觀。如果有，就能視情況說出當下最適合你的答案。你可以把拄杖折成兩段；可以搶走禪師手裡的拄杖，一把扔在地上；可以拿起拄杖直接離開；可以像高明的劍客一樣揮舞拄杖。展示拄杖「奧祕」的方式有無數種。但是識必須化為般若直觀，才有辦法做到。這一切有個關鍵，而理解這個關鍵就能形成般若直觀。

這個關鍵不是一種可以放在心智前面的概念。一切彷彿隱藏在簾幕後，模糊不清。

20　德山前往台山，途中又餓又累，在路邊的茶館歇息，請店家提供點心。經營茶館的老婦發現德山是《金剛經》的專家，於是說：「我想請教你一個問題，如果你能回答，點心不用錢。如果答不出來，就請你離開。」德山同意後，老婦說：「《金剛經》說，『過去心不可得，現在心不可得，未來心不可得。』你要點哪個心？」德山不知所措，無話可說，只能餓著肚子離開。「過去心」這段話的意思解釋起來有點複雜，在此從略。

似乎有所暗示，卻又無法確定是什麼。識非常想看清，可是無能為力。識喜歡一切都是清楚明白、輪廓清晰，不要將矛盾的陳述混在一起，可是般若一點也不在乎這些。

從以下的問答，或許能看出般若直觀的「客體」為什麼很難定義。其中一則問答裡，般若直觀的客體被當成「不可思議」（acintya）。只要理解是建立在分別的原則上，「你」和「我」是分開的互相對立，就不可能有般若直觀。但與此同時，如果分別不存在，般若直觀也不可能發生。從識分別心（vijnana-discrimination）的觀點來說，般若與識或許彼此相關，但般若的本性之所以會遭到誤解，正是因此而起。

唐代有僧人問興善寺的惟寬禪師：「狗有佛性嗎？」禪師說：「有。」僧人問：「你有佛性嗎？」「我沒有。」「一切眾生皆有佛性，你為什麼沒有？」「我不是『一切眾生』。」「你不是一切眾生，那你是佛嗎？」「不是。」「你究竟是何物？」「我不是『物』。」最後僧人說：「是看得到或想得到的嗎？」禪師說：「超出思想與論證的範圍，所以叫做不可思議。」

另一次有人問他：「什麼是道？」禪師說：「就在你眼前。」「為什麼我看不到？」禪師說：「因為你有『我』，所以看不到。有『你』有『我』就會互相制約，不能真正的『看見』。」「若是如此，無『你』無『我』還能『見』嗎？」禪師說：「無

『你』無『我』，是誰來『見』？」

這些例子告訴我們，般若直觀是一種獨特的直觀，不能歸類為我們一般理解中的其他直觀類型。我們看見一朵花就說這是一朵花，這是直觀的行為，因為感知是一種直觀。但是，般若希望我們不只看見這朵花，也要看見什麼不是花；也就是說，看見這朵花存在之前的它——不是透過假設，而是「立即」看見。用更形上學的方式來解釋，般若會問：「世界誕生出來之前，神在哪裡？」或是更貼近個人感受地問：「你死了以後火化成灰，骨灰隨風飛散，這時你的自我在哪裡？」般若要求這些問題的回答或回應必須「很快」，不允許因為思索或推論而遲疑片刻。

哲學家當然會嘗試用自己擅長的邏輯來回答這些問題，也可能認為這些問題很荒謬，因為靠智性的方法處理不了。他們或許會說，要為這個問題提出有智慧的解決方法（如果有的話），得花一本書的篇幅才能做到。但般若的方法跟他們不一樣。如果問題是如何在花綻放之前看見花，般若會不假思索地說：「這朵花真漂亮！」世界誕生之前，神在哪裡？般若會揪住你的領口、用力搖晃你的身體，然後大概會說：「你這個愚蠢的廢物！」你死後火化成灰，骨灰隨風飛揚，般若禪師也許會大聲喚你的名字，當你說：「怎麼了？」他會說：「你在哪裡？」般若直觀瞬間就回答了這些沉重的問題，哲學家或辯證學家為了找到「客觀證據」或「實驗證明」，得花好幾個小時，甚至好幾年。

2

般若的方法與識（智性）的方法截然不同，正因如此，在識的眼裡，般若說的話總是那麼荒誕無稽，不用仔細檢驗就直接否決。識是區別與概念化的原則，所以是處理日常事務時效率最高的武器。久而久之，我們將它視為應付相對世界的必要手段，忘了這個世界誕生於比智性更加深刻的東西——智性本身的存在與其萬能的用途，都歸因於這個神祕的東西。以識做為評斷的工具是個悲劇，因為這讓我們的心與精神都陷入難以言喻的痛苦，使生命成為充滿不幸的重擔，但是不要忘記我們之所以能覺醒和領悟般若的真理，正是因為這悲劇。

因此般若表面上對識的態度粗暴殘忍，實則非常寬容。般若的目的是把識拉回原本適當的位置，好讓識與般若和諧地一起發揮作用，幫助心與智找到它們自人類意識覺醒之後就一直在尋找的東西。當般若粗魯打破推論的規則時，我們必須將其視為給智性一個重大危險的警訊。看見這個警訊後，識應該更加注意，並完整地檢視自己，不要繼續堅持「理性主義」之道。

般若是識的基礎，因為有般若，識才能發揮「區別的原則」的作用。這一點不難理解，必須先有整合或統一，才有可能加以區別。主體與客體二元對立的存在前提，是背後有既非主體亦非客體的東西；這是一個主體與客體能分開運作的空間。如果兩者毫不相干，就沒什麼區別或對立可以討論了。客體裡必有主體的成分，主體裡亦必有客體的成分，如此一來兩者才有關聯，也才有區別的可能。這些「成分」無法用智性分析，所以必定有另一種方法能找到最基本的原則。這個原則存在於最根本的地方，因此無法用區別的方法來找到它。我們必須訴諸般若直觀。

說般若奠定、洞察或滲透識，很容易讓人以為般若是一種特殊的能力，可以對識進行各種洞察或滲透。這樣的思維，是把般若變成識的一個層面。但是，般若不是主體與客體建立關聯的評斷原則。般若超越任何形式的評斷，亦是完全不可斷定的。

另一個常見的錯誤，是認為般若接近泛神論。有學者認為佛教屬於泛神論，也是因為這個理由。這種看法是錯誤的，因為般若不能歸類為識，我們透過識的活動做出的任何評斷，都無法套用在般若上。泛神論仍有主體與客體的對立，「萬象世界裡有無所不在的神」這種想法屬於假設。般若直觀排除這種想法。般若直觀裡沒有一與多、全體與部分的差別。舉起一枝草，就能看見整個宇宙；皮膚的每一個毛孔裡，都有三界生命的悸動。這是般若直接所見，不經由推論，而是「立即」看見。這種「立即性」正是般若的特色。還要推論，速度就太慢了，禪師會說推論的結果像「萬里之外的一朵白雲」。

自相矛盾的陳述也是般若直觀的特色。般若直觀超越識和邏輯，所以不介意自相矛盾。它知道矛盾來自分別心，而分別心源於識。般若否定之前肯定過的事，反之亦然；它用自己的方式處理二元對立的世界。花既是紅的，也不是紅的；橋流水不流；木馬嘶鳴；石女起舞。

用更邏輯的方式來說，如果般若直觀可以這麼做，那麼與識有關的一切也屬於般若；般若一直處於完整的狀態；就算識的每一次肯定與否定裡都有般若的蹤跡，般若依然從未分別。識的本色是分別，般若則從未失去統一的整體性。佛教最常愛用水中月來比喻般若直觀，從一滴雨水到浩瀚海洋，月亮的倒影變化無窮，清淨的程度亦是無窮。但這個比喻很容易受到誤解。月亮的真身只有一個，分身卻有無數個，或許會有人以為般若直觀是從「多」裡提取出來的「一」。用這種想法來描述般若，無異於摧毀般若。般若是一，是完整，是圓滿自足，如果必須向分別心解釋什麼是般若，透過邏輯或數學終究是行不通的。但人心總是渴望解釋，所以我們或許會說：不是多裡有一，也不是一裡有多；而是一即是多，多即是一。換句話說，般若就是識，識就是般若，但這是必須「立即」領悟的，不是來自冗長詳盡又複雜的思辨。

3

為了說明般若對識的重要性，以下我要引述東土禪宗的幾則公案。

一、法眼是五代最偉大的禪師之一，有個叫修山主的禪修者跑來找他，法眼說：「毫釐有差，天地懸隔。這是什麼意思？」修山主僅是重複了一次，說：「毫釐有差，天地懸隔。」法眼說：「如果你的見解只有這樣，表示尚未領悟。」修山主問：「你的見解如何？」法眼說：「毫釐有差，天地懸隔。」修山主領悟後，向法演禮拜。[21]

後來有人如此評注這則公案：「修山主複述一遍為什麼不對？他再次請法眼說明，法眼同樣複述一遍，於是修山主明白自己為什麼錯了。到底哪裡有錯呢？若你能看透，

---

21 《傳燈錄》第二十四卷，65b。

就表示你也稍微明白了。」（在此我想說一下，漢語原文鏗鏘有力，翻譯後失去了原有的分量。果真是「毫釐有差，天地懸隔。」）

二、玄則禪師初次參問青峰，[22]玄則問：「如何是佛？」青峰說：「丙丁童子來求火。」玄則得此語，藏之於心。後來他去見淨慧，淨慧問他有何領悟，玄則說：「丙丁是火而求火，如同我是佛還問佛。」淨慧說：「你看！我以為你懂了，其實你不懂。」

玄則將此事放在心上，花很多時間思索淨慧的話。苦思不得其解，又回去參問淨慧。淨慧說：「你問我，我就答你。」玄則說：「如何是佛？」淨慧說：「丙丁童子來求火！」玄則豁然開朗。

三、德韶（公元八九〇至九七一年）[23]是華嚴宗和禪學的大師之一，他在徹底領悟般若之道前曾參問過許多老師，自認已充分掌握佛法。他見到龍牙居遁禪師時問道：「雄雄之尊，為什麼近之不得？」龍牙說：「如火遇火。」德韶說：「若忽然遇到水，會怎麼樣？」龍牙沒有繼續說明，只答：「你不懂。」還有一次他問龍牙：「天不蓋，

22《傳燈錄》第二十五卷，78b。
23《傳燈錄》第二十五卷，73b。

地不載，這如何解釋？」龍牙說：「本該如此。」德韶不懂，請禪師進一步說明。龍牙說：「你以後自會明白。」德韶問疏山：「什麼可超越時間？」疏山回他：「我不說。」德韶問：「為什麼不說？」疏山說：「有無之分別不適用於此。」德韶說：「師父，說得好！」

德韶參問了五十四位禪師後，像《華嚴經》裡的善財一樣，他認為自己已然參透佛法。他來找淨慧禪師時，只是為了聽淨慧說法，不打算參問。有天一位僧人問淨慧：「曹源一滴水是什麼？」（「曹」指的是「曹溪」，六祖慧能弘法的禪寺就在曹溪，慧能被視為東土禪宗的開創者。）詢問來自曹源的一滴水，意思是領悟般若直觀的真理。淨慧答：「是曹源一滴水。」[24]提問的僧人依然困惑，但坐在一旁、不打算求法的德韶卻意外頓悟般若直觀的真諦。他覺得透過智性累積在心中的一切，彷彿陡然化為烏有。

在這個經驗之後，德韶成了般若直觀的大師，他處理各種思想難題的方式令人嘆服。以下舉幾個例子[25]：

---

24 如同「毫釐有差，天地懸隔」，這句話的漢語原文也是簡短有力，譯文失去了原有的力度。

25 《傳燈錄》第二十五卷，〈德韶國師〉。

僧人：「圓寂後會到什麼地方去？」
德韶：「我不告訴你。」
僧人：「為什麼，師父？」
德韶：「你無法領會。」

僧人：「一切山河大地，從何而起？」
德韶：「此問從何而來？」
僧人：「修行人之眼是什麼樣子？」
德韶：「黑如漆。」
僧人：「全無消息時會怎麼樣？」[26]
德韶：「謝謝你的消息。」

26 此處指的是絕對（空）。

僧人：「有人說，超越客觀世界[27]就和如來一樣。這是什麼意思？」

德韶：「客觀世界是什麼意思？」（它真的存在嗎？）

僧人：「所以我們真的和如來一樣。」

德韶：「別像野干一樣哀鳴。」[28]

僧人：「哪吒太子割肉還母，折骨還父，然後在蓮華上為父母說法。蓮華上哪吒太子的身體是什麼？」

德韶：「如大家所見。」

僧人：「那麼，大千世界都是同一真如本性。」

德韶：「表象會騙人。」

這些例子或許足以證明德韶已證悟般若直觀。漢語或許在闡明般若上具有優勢，因

27　原文為「轉物」。

28　獅子一吼，野干腦裂。野干是一種卑微渺小的動物。

為這種語言簡潔有力，能表達豐富內涵。般若不會詳細說明、喋喋不休，也不推敲細節，這些都是識或智性的特色。邏輯推論需要寫很多字、說很多話；冗長嘮叨是哲學的精神。漢語，或者該說是漢語的表意符號，能建立充滿相似寓意的具體意象——是非常適合般若的工具。般若從不分析，而且厭惡抽象。它透過一粒塵埃展現萬物存在的真諦。但這並非意味著表意符號適合用來討論抽象主題。

德韶的問答不一定都像前面那麼簡短，他也經常長篇大論。

有僧人問：「古人說，若見般若就會被般若束縛；若不見般若，亦會被般若束縛。既見般若，為什麼還會被束縛？」

德韶：「你說說般若看見什麼。」

僧人：「不見般若，為什麼會被束縛？」

德韶：「你說說般若看不見什麼。」接著又說：「如果一個人看見般若，那就不是般若；如果他不見般若，那也不是般若。告訴我，般若裡為什麼有見與不見。若少一法（法意，指具體現實），便不成法身（普遍存在的具體）；若剩一法，亦不成法身。

但我會說：『若有一法，不成法身；若無一法，不成法身。』這就是般若直觀的真諦。」[29]

我稍微離題了，但既然我們已深入討論般若，容我再舉一位禪師為例。[30]

有僧人問：「什麼是摩訶般若（大般若或究竟般若）？」

清聳禪師：「雪落茫茫。」

僧人不語。

禪師問：「你懂嗎？」

僧人：「不懂。」

於是禪師為他唸誦一首偈言：

摩訶般若，

29 《傳燈錄》第二十五卷，74b。

30 《傳燈錄》第二十五卷，78b。

非取非捨。
若人不會，
風寒雪下。

我介紹了很多般若直觀的基本特色，卻一直沒回到最初的那三則複述的公案。從識或智性的觀點來說，把對方說過的話再說一次實在很奇怪。他說：「毫釐有差，天地懸隔。」你複述一遍；他說：「曹源一滴水。」你也說：「曹源一滴水。」這種對話裡，沒有可供分析的智性交流。抱持邏輯思維的人認為，鸚鵡學舌般的模仿並未表達可理解的思想。這恰好證明了般若與識不在同一個層次上。看看華嚴宗的德韶禪師在處理哲學與宗教問題時多麼有創意，就知道般若必然是更高層次的原則，不受識的限制。若他沒有擺脫識的思維框架，肯定不會有如此強大的創意和能力。

4

般若是究竟實相，般若直觀是正在覺察自身的般若。因此，般若是動態的，不是靜態的；它不是被動感受此刻的活動，它就是活動本身；它不是三昧（定）[31]，不是消極狀態，不是凝視目標；它心中沒有目標；它就是活動本身。般若沒有預先想好的方法，而是根據需求隨時想出方法。方法論不適用於般若，目的論同樣不適用。但這並不代表般若難以捉摸、毫無章法。般若確實在某個層面上無視章法，因為般若是依照自由意志創造出自己。

識從般若演化而來，般若運行於識之中。從識的觀點來說，般若當然有目的和方法，但別忘了，識並非般若的主宰。應該說，般若不受己身之外的事物主宰，身為自己的創造者，般若的世界永遠嶄新、永不重複。世界的創造不是發生在億萬年前，而是時時刻刻都在發生，這就是般若做的事。真實不是識能用手術刀剖開分析的屍體。若然，複述「丙丁童子來求火」之後應該就已達到最後的覺悟，但其實離覺悟還遠得很，「丙丁童子」必須等待般若給予最終極的認可。以知識論的角度詮釋，真實是般若；以形上學的角度詮釋，真實是空。因此空是般若，般若是空。

31　三昧是一種高度專注的狀態，專注到主體與客體合而為一。經常有人誤以為三昧是般若直觀。只要般若尚未覺醒，三昧就只是一種心理現象。

若從心理學的角度來看，般若是經驗，但它不同於日常經驗。日常經驗屬於智性的、情感的、感受的經驗。般若是最底層的基礎經驗，其他經驗都建立在這個基礎之上，但我們不應將般若與其他經驗切開，把它單獨挑出來，說它是性質特別的經驗。般若是超越分別的純粹經驗，是空覺醒之後得到自我覺察，少了自我覺察，我們不會有任何精神生活，所有的想法或感受都像一艘漂泊的小船，因為它們缺少負責協調的中樞。般若是統一與協調的原則。不要把般若當成抽象概念，它肯定不是。般若再具體不過了。正因為般若如此具體，所以它是世上最變化多端的東西。因此只需要「曹源一滴水」就能為一個人的生命注入生機，更能為空間無限的三界注入活力。

大乘佛教幾乎每一部經典都描述了般若創造奇蹟的力量，在此我從《華嚴經》裡舉個例子。佛陀開悟時，他眼裡宇宙徹底改頭換面。

顯然，當般若肯定自身時，整個世界的樣貌都會徹底改變，超出識的理解範圍。這或許可說是規模最宏大的奇蹟。無論規模多大，沒有超出識的理解範圍就只能算是雕蟲小技，因為識的觀點並未從根本上被推翻——也就是轉依（paravritti）。有些人認為，大乘佛經裡的描述大多是詩意的想像或心靈的象徵，但這種看法完全沒考慮到般若直觀的活動與重要性。

般若直觀發揮作用時，它會抹除空間與時間的關係，所有存在被濃縮成一個剎那。這很像結束一劫（時代）的一場大火，一切被燒得乾乾淨淨，準備迎接一個全新的世界。這個全新的般若世界裡沒有三維空間，時間也沒有過去、現在和未來之分。須彌山在我的指尖隆起；我還沒開口、你尚未聽見我說的話，宇宙的歷史就已上演完畢。沒有詩意的想像，只有本來人（Primary Man）在自發、自創、無目的的活動裡展現自己。割肉還母、拆骨還父的哪吒太子（以及這麼做的每一個人）就是本來人。剝除了原本以為屬於自己的一切之後，本來人會做無功用的事（anabhoga-carya，不帶目的的活動），也就是菩薩行（bodhisattva-carya）——真正大覺有情的人生。

值得注意的是，世界各地的本來人都是一樣的，差別在於表現方式會隨著地區限制而有不同。印度的本來人表現得比較誇張，意象與姿態都很豐富多彩。中國的本來人實事求是，也可以說是單調平凡、直接了當，不拐彎抹角；他不用巧妙的辯證表達般若，也不耽溺於華麗的比喻。我舉個例子。[32]有個僧人問了與哪吒太子的本來人有關的問題，禪師答：「堂堂六尺甚分明。」僧人問：「本來人如此相貌是自己決定的嗎？」禪

32　《傳燈錄》第二十六卷，93a。

師反問：「你說什麼是本來人？」僧人不明白，請禪師指導。禪師沒有提供任何說明，而是問他：「誰要指導你？」

這則問答雖然有點推論的味道，但恐怕現代人仍是無法理解。問答裡的禪師叫慶祥，他的風格不像某些禪師那麼直接，比如踢提問者一腳或是把對方一把推開，說：「我不知道」[33]、「就在你眼前」[34]，或是「把這個瘋子拖出去！」[35]請容我「畫蛇添足」一番，把慶祥禪師的話解釋得更清楚些。

這則問答裡的本來人意指究竟實相或般若。提問的僧人知道他的個體自我遲早都會消亡，他想知道有什麼東西是超脫生死的。所以他才會問「什麼是本來人？」慶祥禪師擅長談經說法，這種方式在中國發展茁壯的同時，藉由理性主義詮釋佛法的風氣也漸漸盛行起來。因此他很清楚認真追求真理、渴望達到徹悟的人若訴諸理性主義，只會白忙一場。邏輯思維永遠滿足不了他們的渴求。他們想要的不只是智性上的理解，渴望開悟的靈魂不可能透過智性上的理解得到滿足。因此，禪師不會把時間與力氣浪費在跟僧人

33　《傳燈錄》第二十六卷，85b。
34　出處同上。
35　出處同上。

辯論上，他知道這種作法說服不了對方。禪師的回答很簡潔，而漢語特別適合這種表達方式。他僅說了「堂堂六尺甚分明」。他當然可以說「你的這副肉身」，但他沒有進入細節描述，只是簡單指出「你有結實的身體」，又高又壯。至於肉身與本來人之間的關係，禪師沒有指示半分。就算有，僧人也得自己去發現，因為此處（以及每一處）的重點在於藉由內在的光明、般若的覺醒去得到領悟。

可惜，故事裡的僧人沒有做到禪師的期待，他仍停留在智性的程度。所以他才會問：「本來人如此相貌是自己決定的嗎？」這個問題的意思是：「我的自我是本來人嗎？」僧人顯然猜想，本來人做為最高層次的存在，會把自己融入肉身裡，使人類可以感知到他。從推論的角度來說，這個猜想或許不算錯，但禪師不想就此打住。若禪師就此打住並對僧人的猜想表示肯定，僧人永遠無法解脫，因為整個討論已完全失去意義。禪師不讓提問的僧人留在智性的層次。

禪師完全知道僧人的弱點在哪裡，所以才會問：「你說什麼是本來人？」本來人不應與一個人的肉身畫上等號，也不應被視為獨立於肉身的存在，就像僧人或禪師那樣。本來人與個人不是完全合一，也不是完全分開且二元對立的。兩者不會完全融合；他們各自獨立，也同為一體。這種無分別的分別，正是般若直觀要掌握的意思。

本來人不是從個體存在裡抽取出來的一種整體概念。本來人不是概括後的結果。如果是，那他會是個死人，一具如同無機物的冰冷屍體，而且和否定一樣沒有內涵。恰恰相反。本來人生機十足、活力旺盛，不僅身體上如此，在智性、道德、美感與精神上亦是如此。他住在僧人堂堂六尺高的身體裡，也住在禪師的身體裡，雖然禪師的身體大概沒那麼壯也沒那麼高，但充滿活力與感受力。僧人要做的是明白這一點，而不是辯證。所以禪師問他：「你說什麼是本來人？你就是本來人嗎？你不是，表面上與實際上你都只是一個參不透本來人的僧人。所以，你不可能是他。那麼，他在哪裡呢？」這段雙方互問的對話沒有出現令人滿意的答案，僧人的智慧就無法擺脫識或純粹理性的限制。

僧人很無助，謙恭地請禪師指導。但是在禪師看來，這不是單純的傳遞資訊。從一開始，他們的討論就已超出指導的範圍。就算可以指導，也必須是從自身的般若裡逐漸形成而來。既然僧人能夠問出關於本來人的問題，就表示他的內在存有本來人的本性，想認識本來人，最好的方式是透過喚醒僧人的般若去「訪談」本來人，因為般若就是本來人。禪師能做的只有指路，僧人得靠自己覺醒。所以禪師說：「誰要指導你？」

雖然花這麼多篇幅解釋這則問答，但我們的智慧似乎沒有增長。為了幫助西方讀者理解，我想多說幾句再進入下一則問答。

身體表達意志，將意志與身體結合成個體自我的，是內在的創造力（inner creative life）。身體、抑制與個體自我，都是負責分析的識製造出來的概念，內在創造力透過識製造這些概念，但唯有般若才能直接理解內在創造力是什麼。哪吒太子將身體還給賦予他身體的父母，便是放棄了（識告訴他）他認為他擁有的個體自我，這件事或許會被解釋為一種徹底消滅。但是佛法告訴我們，他直到此刻才終於展露他的本來人或本來身（Primary Body），並以這樣的狀態為父母說法，此處父母指的是全世界。坐在蓮華上的本來身是神創造出來的。分析的識在此止步，無法繼續運作；神是識的假設；識必須等待般若直觀將這具冰冷的假設屍體變成一種創造力的原則。

在此我提供一個邏輯論點，希望有助於說明般若在這方面的本性。當我們說「A是A」且這個本體法則是不可動搖的根本時，我們忘了為主體A與客體A建立連結的，是一種有生命的融合活動。識的分析將A拆分為主體A與客體A；少了般若，這種拆分就無法被最初的統一或本體取代；少了般若，分裂的A依然是孤立的；無論主體多麼渴望與客體統一，少了般若，就永遠無法滿足這個渴望。因為有般若，本體法則才能成為不證自明的真理，不需要客觀證據的支持。我們的思維基礎之所以能發揮作用，都是般若的功勞。佛教思想是自我演化與自我辨別的般若系統。

這個論點能為前面提到的複述問答提供一些思考方向，例如「曹源一滴水」和「毫釐有差，天地懸隔」。在「丙丁童子來求火」的那則問答裡，德韶的識如果繼續認為「火神」與「火」是兩個分開的概念，就不可能洞悉奧祕。他必須等待般若自我覺醒，才能把以邏輯為基礎的本體法則變成有生命的經驗原則。我們的識一直在分析，無視底層的融合原則。一個A分成主體A與客體A，識用一個繫詞把它們連結在一起，建立了本體法則，卻沒有解釋連結是如何產生。因此，識完全無法成為一種有生命的經驗。這要由般若直觀提供。

建構佛法核心的般若真的很難懂，再怎麼討論似乎也不夠。以下再提供幾則問答，說說它們背後的思想脈絡。若不能充分領悟識與般若之間的關係，或者說般若直觀與識的推論之間的關係，就無法徹底將空、真如（tathata）、解脫（moksa）、涅槃等概念當成有生命的概念。

在我們繼續往下討論之前，請記住一個重點：如果我們認為有一種叫般若和一種叫識的東西，兩者永遠有別，不應該融合成統一狀態，那可就大錯特錯。其實我們存在的這個世界，如同反映在我們的感受和智性裡的一樣，是一個識的世界。識唯有牢牢固定在般若裡，才能發揮最大的效用；此外，雖然般若不屬於識的層次，但為了區分般若和識，我們必須用般若來稱呼它；這看上去很像有個叫做般若的東西被歸類為識。做為思想的巔峰，語言很有用。但也正因如此，語言會造成誤解。進入這個領域，我們跨出的每一步都要謹慎小心。

下面列了一張表格，「般若」欄位裡的，是唯有當識已受到般若啟發才出現的東西；般若本身沒有可以分別的東西。例如欄位裡的空和真如，都不應視為客觀指涉，它們是意識放置基準點時的參考。每當般若表達自己時，無論是否與識同調，都會受到與識相同的限制。就算般若斷然否定識所肯定的事，也無法超出識的範圍。如果你以為般若超出了識的範圍，這也是識的作用。因此，般若擺脫不了識。甚至當般若在名為人類活動的舞台上扮演重要的角色時，識的主張也沒有因此遭到忽視，我們必須了解這一點。對於建立融合的思想，般若直觀與識分別心同等重要，也同樣不可或缺。我們將在後面引述的問答裡，看見般若與識的這一層關係。

般若 prajna	識 vijnana
空	有／無世界
真如	有明確定義的世界
般若直觀	識分別心
涅槃	輪迴
菩提	無明
清淨	雜染
心	感官（識）
法（究竟實相）	一切法（個別實體）
純粹體驗	多元體驗
無區別	有區別
無分別心	有分別心
無心或無思	個體意識
當下永恆或究竟當下	時序關係
非二元對立	二元對立

5

接下來之所以列舉這麼多問答，是希望讀者能在一個接著一個的問答裡，感受到字裡行間的靈光，也有助於鞏固我在這篇文章裡詮釋的般若直觀的立場。此外，這些問答以更實際的方式呈現識與般若的關係，方便讀者自己歸結答案。還有一個原因，那就是西方讀者接觸不到記載這些問答的文獻，所以我想利用這個機會引述問答，幫助那些對這個主題有興趣的人。中國和日本的問答數量龐大到幾乎難以估算，西方讀者沒有道理對此一無所知。

問答涉及各式各樣的題目，有些看起來與佛教思想完全無關，因為它們討論的是「萬仞峰頭獨足立」、「禪寺方丈」、「僧從何處來」、「無縫塔」、「朗月當空」、「但奏無弦琴」等等。至於禪師的回答，即便以最高層次的哲學與宗教觀念看來，都可說是漫不經心，看了後面的問答就知道。從未接觸過這個神祕佛法世界的讀者，肯定會覺得問答非常荒謬。但是佛教的觀點認為，若要展現般若直觀的獨特之處，問答是效果最好的作法。

讓我們先從「自己」的問題開始。

石頭禪師（公元七〇〇至七九〇年）[36]是唐代最偉大的佛教人物之一。有個叫尸利的僧人問他：「建構自己的是什麼？」禪師反過來問他：「你為什麼要問我？」

僧人：「我不問你，要從哪裡得到答案？」

禪師：「你曾失去過自己？」

金陵報慈道場的文遂禪師[37]曾如此告訴僧眾：「諸位已在這裡住了一段時間，冬去夏至。你們都已深入了解自己嗎？若有，我來幫你們驗證，確認你們得到的是真見，不被邪魔所惑。」

一位僧人上前問道：「什麼是我的自己？」

禪師：「真是個眼目分明的好人！」

圓通院的緣德禪師[38]：

36 《傳燈錄》第十四卷，114b。
37 《傳燈錄》第二十五卷，77b。
38 《傳燈錄》第二十六卷，86b。

問：「什麼是我的自己？」

答：「為什麼特地這麼問？」

功臣院的道閑禪師[39]：

問：「什麼是我的自己？」

答：「就像你和我。」

問：「這樣不是二元分別嗎？」

答：「差了十萬八千里！」

廣利容禪師[40]：

問：「對我的自己了解得不明白，該怎麼辨？」

答：「那就不明白。」

39《傳燈錄》第二十二卷，45b。

40《傳燈錄》第二十卷，30a。

問：「為什麼不明白？」
答：「你不知道那是你自己的事嗎？」

東禪院的契訥禪師[41]：
問：「我尚未明白自己的本性，請師父指示。」
答：「何不道謝？」

龍華寺的得一大師[42]：
問：「什麼是我的自己？」
答：「雪上更加霜。」

「什麼是自己？」這個疑問，得到各式各樣的答案。答案之間差異甚鉅，歸納不出

41 《傳燈錄》第二十一卷，41a。
42 《傳燈錄》第二十一卷，40a。

最大公約數，進而得到一個一致的答案。要回答這個問題，必須對建構自我的要素有所洞察，光靠智性思考是做不到的。雖然思考是必須的，但真正能夠回答這個問題的終究不是智性，而是意志力。回答這個問題要用存在的方法，而不是抽象假設。佛教思想建立在最基本的、理性主義出現之前的般若直觀上。擁有般若直觀後，諸如自己、究竟實相、佛法、道、源、心等問題，都會找到答案。禪師處理這些問題的方式千變萬化，但始終有一條清晰可辨的主軸。

國泰院的瑫禪師[43]：

問：「尚未磨過的古鏡是什麼？」

答：「古鏡。」

問：「磨過之後呢？」

答：「古鏡。」

43 《傳燈錄》第二十一卷，38a。

這裡的「古鏡」指的是處於無區別狀態的自己。「磨」指的是區別。無論有沒有區別，「古鏡」仍是「古鏡」。

僧人問永明寺的智覺禪師[44]：

問：「如何是大圓鏡？」

答：「破砂盆！」

這個問答裡的「鏡」甚至不是「古鏡」，成了沒用的破砂盆。禪師碰到可用般若直觀突顯一個觀念有多麼一文不值時，經常使用這種措辭。

白龍院的道希禪師[45]：

問：「什麼是正真道？」

44 《傳燈錄》第二十六卷，87b。

45 《傳燈錄》第二十一卷，38b。

答：「騎驢覓驢！」

東禪院的了空大師[46]：

問：「什麼是道？」

答：「就在這裡！」

保福院的從展禪師[47]：

問：「聽說欲達無生，就必須識得本源。什麼是本源？」

禪師沉默良久，然後問提問的僧人：「剛才你問了什麼？」僧人把問題又說了一次，禪師卻喝斥他，說：「我不是聾子！」

從展禪師問僧人：「你從哪裡來？」

46 《傳燈錄》第二十一卷，41b。
47 《傳燈錄》第十九卷，21a。

僧人：「江西觀音寺。」

禪師：「仍見觀音嗎？」

僧人：「是的。」

禪師：「左邊見，還是右邊見？」

僧人：「見時不分左右。」

在這樣的問答裡，重點顯然不是觀音。觀音只是自己、道或究竟實相的象徵，見觀音指的是般若直觀。沒有左右的區別，自在圓滿，是「純粹」的見。這位僧人顯然已領悟般若直觀，像這樣由禪師發問的問答叫做「考」問。

從展禪師問掌廚的飯頭：「你做菜的鑊有多大？」

飯頭：「和尚自己量量看。」

禪師用手測量。

飯頭：「你別騙我。」

禪師：「騙我的是你。」

從展禪師看見一位僧人，說：「你怎麼長得這麼高？」
僧人：「你有多矮？」
禪師蹲下，讓自己變得更矮。
僧人：「和尚，你別騙我！」
禪師：「騙我的是你！」

西興寺的悟真大師[48]：
問：「什麼是隨色摩尼珠？」
答：「青黃赤白。」
問：「什麼是不隨色摩尼珠？」
答：「青黃赤白。」

隨色摩尼珠當然也是一種象徵，意指容易陷入區別的真實或空；不隨色摩尼珠則是

48 《傳燈錄》第十八卷，16b。

真實本身。可是，兩個問題禪師給了一樣的答案；他顯然不認為兩者有別。智性上或概念上，兩者當然不同，但般若直觀無視這種區別。若是換一個希望提問者看見般若直觀另一面的禪師，可能會有截然不同的答案。「古鏡」問答就是一例。

上藍院的守訥禪師[49]：

問：「如何是佛？」

答：「你在問誰？」

覆船和尚[50]：

問：「如何是佛？」

答：「我不知道。」

49《傳燈錄》第二十六卷，85b。

50 出處同上。

高麗靈鑒禪師[51]：

問：「如何是佛？」

答：「把這個瘋子趕出去！」

古賢院的謹禪師[52]：

問：「如何是佛？」

答：「就在你鼻子下面。」

保壽寺的匡祐禪師[53]：

問：「什麼是佛法大意？」

答：「近前來。」

僧人走到禪師面前，禪師說：「懂了嗎？」

51 出處同上。
52 出處同上。
53 《傳燈錄》第二十四卷，72a。

僧人：「不懂。」

禪師：「石火電光已經歷漫長歲月。」

永明寺的智覺禪師[54]：

僧人：「我聽聞諸佛及佛法皆出自一部經書。是什麼經？」

禪師：「長時轉經不停，任何確認、議論、言談都無法掌握。」[55]

僧人：「我如何找到它，把它拿在手裡？」

禪師：「若想這麼做，應該用眼睛去聽。」

大林寺的僧遁禪師[56]：

僧人：「如何言論佛法的最高真諦？」

54 《傳燈錄》第二十六卷，87b。

55 「轉經」指的是誦經。僧人誦讀某些經文時，會把經書卷軸攤開又收起，重複數次。這是因為經文過於冗長，不方便逐字誦讀，所以僧人採取這種簡易的作法。因此「誦經」亦稱為「轉經」。不過在這則問答裡，禪師謎語般的答案和真正的「轉經」沒關係。

56 《傳燈錄》第二十六卷，86b。

玄沙和尚：「很少有人聽。」
同一位僧人後來問僧遁禪師：「玄沙和尚是何意？」
僧遁：「等你移走石耳峯，我再告訴你。」[57]
歸宗寺的義柔禪師對這件事的註解是：「請低聲說。」

禪師在前輩與提問者的問答裡插入註解，是相當常見的。不一定是批評，也會指點方向，帶出問答裡隱藏的涵義。玄沙說：「很少有人聽。」義柔說：「低聲說！」兩位禪師都不走「邏輯」的路，而且他們經常樂於互相嘲弄。他們很機智，也很愛開玩笑。運用般若直觀的人會自然而然避免以哲學的方式討論抽象概念；他們偏好使用日常經驗裡的人物、畫面、事實。這樣的例子多不勝數，以下我隨機挑選幾個做為佐證。

有僧人問鷲嶺寺的善美禪師[58]：

57　讀者應該已經知道，禪師經常說這種實際上做不到的話，目的是要讀者（也就是採取客觀思維的人）扭轉思考的角度。這意味著重新檢視平常的「邏輯」推理思維。
58　《傳燈錄》第二十六卷，86b。

「我知道百川異流都將還歸大海。不知道海裡有幾滴水？」

禪師：「你去過海嗎？」

僧人：「去過又如何？」

禪師：「你明天來我再告訴你。」

提問的僧人顯然對佛教思想已有了解，所以才會接著問「去過又如何？」禪師看出這一點，所以要他「明天來」。雙方都心知肚明，而這則問答帶領我們一窺般若直觀的本性。你或許會問：「海與般若有什麼關係？」這裡的海，指的是「空」之海，完整吸納整個現象界；計算裡面有幾滴水，意思是了解被吸納進去的萬象變成怎樣。僧人想請禪師對一與多、般若與識之間的關係，說說自己的看法。想要領會這一點，再多的哲學思辨都沒有用，只會帶來更多困惑，期待中的「明天」永遠不會到來。與其使用知識論的方法，說句「我不知道」反而能夠總結般若直觀的本性。

靈隱寺的清聳禪師[59]：

他曾問僧人：「你懂佛法（究竟實相的真諦）嗎？」

僧人：「我不懂。」

禪師：「真的不懂？」

僧人：「是。」

「你現在離開，明天再來。」

僧人行禮，說：「珍重。」

禪師：「不對，不是這個道理。」

僧人把「明天再來」解讀成字面上或智性上的意思，為了提醒他理解有誤，禪師慈悲地告訴他：「不是這個道理。」真正的道理是明白什麼是不能明白的，知道什麼是不能知道的，般若直觀就在其中。

有僧人問永明寺的智覺禪師[60]：「我在永明寺學習很久了，為什麼依然不懂永明家

59 《傳燈錄》第二十五卷，78b。

60 《傳燈錄》第二十六卷，87b。

風？」

禪師：「你不懂的地方裡，有你應懂的東西。」

僧人：「既然不懂，如何去懂？」

禪師：「牛胎生象子，碧海起紅塵。」

清聳尚在淨慧禪師門下學習時[61]，有天淨慧禪師指著雨，說：「滴滴落在你眼裡。」清聳起初不懂，後來研讀《華嚴經》感悟了這句話的意義。之後他上堂說法時說道：「十方諸佛常在你面前，你看見了嗎？若你說看見，是用心看見，還是用眼看見？」

另一次上堂說法時，他說：「見色（rupa）便見心（citta）。我問你，你說心是什麼？山河大地、萬象森羅、青黃赤白、男女等表相是心嗎？不是心嗎？若是心，為什麼變成無數萬物？若不是心，為什麼又說見色便見心？你懂嗎？

只因為你不懂這一點，繼續執迷於種種顛倒混亂的觀念，錯誤地在無同異之中強硬

61　《傳燈錄》第二十五卷，78a。

地看見同異。

此時此刻，你應當立刻領悟本心，如此才會明白本心皎然空無，無一物可見可聞……」

「皎然空無」這想法令人備感困惑，我們總是用相對視角去理解它。佛教詞彙的 sat 是「有」，asat 是「無」，sunyata 是「空」。空帶有正面涵義，不是單純的否定。空超越有無；也就是說，有和無都是以空為前提。因此，當佛教思想家說無一物可見可聞，我們必須知道這樣的話不是在否定日常經驗，而是全面肯定日常經驗。看看下面這則對話：

般若寺的啟柔禪師[62]來到法堂，僧眾聽見三下板聲後集合，因為這是集合信號。禪師即興唸了一首偈言：

62　《傳燈錄》第二十三卷，55a。

妙哉三下板，諸德盡來參，
既善分時節，今吾不再三。

他唸完後一語不發，直接離開法堂。

佛教思想家，包括有情眾生在內，不只聽見聲音、看見花朵，還會為佛獻花燒香，虔誠地進行各種宗教行為。我們不一定自稱是佛教徒，甚至不願意被貼上宗教的標籤，但這些事我們天天都在做。無論我們是佛教徒、基督徒或共產黨員都沒差。

翠微寺的無學禪師[63]是丹霞禪師[64]的弟子。翠微禪師用食物供奉羅漢，[65]一位僧人

63《傳燈錄》第十四卷，117b。

64《傳燈錄》第十四卷，115a。丹霞禪師是一位偉大的唐代禪師。某年冬夜他留宿在一間寺院裡，他覺得非常冷，所以拿了神龕上的木製佛像生火取暖。有人責難他的行為褻瀆神明，他說他是為了取舍利才燒了佛像。對方說木頭燒不出舍利，他說：「那你為什麼罵我？」（屍身火化後，有時骨灰裡會有稱為舍利的礦物質。據說道行愈高，舍利愈多、愈明亮。）我想再說一個丹霞禪師的故事。丹霞有個朋友叫龐居士，他和女兒都對禪宗有很深的領悟。有天丹霞去拜訪龐居士，看見龐居士的女兒正在菜園摘菜。他問：「你父親在家嗎？」女孩沒有說話，只是放下菜籃，拱手而立。丹霞又

說：「丹霞燒了木佛，你為什麼供奉食物給木佛？」

禪師：「他想燒，就讓他燒，反正他不能把佛燒成灰。至於我，我只是供奉羅漢罷了。」

另一個僧人說：「你供奉羅漢，羅漢有來吃嗎？」

禪師：「你有每天吃東西嗎？」

僧人無語。禪師說：「伶俐的人真少！」

在本段結束之前，我想再說一說如何理解般若與識在問答裡的差別。識有方法可循，般若沒有，因為般若總是要求立即回應，不容許任何形式的遲疑與思考。眼中看見花，立刻知道這是花。手放進冷水裡，立刻知道水是冷的。完全不需要思考。就這一點來說，般若直觀和感知很相似。兩者的差別在於感知仍依賴感官，而直觀來自更深層的地方。當感知觸及深處，就變成般若直觀。感知想要發展成般若，還需要加點東西。但

問：「他在嗎？」女孩提起菜籃離去。

65 佛教徒會供奉食物、鮮花、香燭等物品，放在佛像或其他聖像前，感謝神佛的保佑。

這個東西不是從外面加進來；這個東西就是感知本身，想領悟這一點，要靠般若直觀的作用。換句話說，般若透過直觀了解自己；般若就是理解般若自己的方法。

在紙上畫一條線，雖然畫得不直，依然能把它當成直線來描述它的特性。視覺上，這條線不直，但只要加上幾何學的直線概念，就能使它發揮直線的作用。同樣地，般若直觀可以「在禪師開口說話前，就讓石頭點頭」[66]，或是讓禪師在火化成灰、骨頭敲出銅般的聲音時，依然生龍活虎。有人會問：「這怎麼可能？」禪師會說：「我呼喚僕從時，那孩子不是回話了嗎？」或許有人會堅稱回話的是僕從，又不是禪師。如果我是禪師，我或許會揍你，說：「少胡扯，你這蠢蛋！」但我不是禪師，所以我只會說：「你的視野仍被識所蒙蔽。你眼裡的禪師與僕從各站一邊，你用所謂的客觀角度詮釋經驗，所以把他們區分開來。你沒看見他們存在彼此之中，你察覺不到『客觀上』禪師死了，但他的死影響不了令僕從回應禪師的『那個東西』。般若直觀理解的正是『那個東西』。」

66　這是一位古代偉大佛教思想家的故事。因為沒人聽他講道說法，所以他對著石頭熱情說法。

6

「那個東西」是意識原初且立即接觸到的東西。或者借用諾索普先生（Northrop）的話，它是「無區別的連續範圍」（undifferentiated continuum）。對西方人來說，「連續範圍」或許比「空」好懂，當然這個詞也可能被誤解成某種「客觀」的、可用識來理解的東西。不過，在意識立即接觸到的「連續範圍」裡，主體與客體、見者與被見者之間沒有分別。它是尚未磨過的「古鏡」，所以鏡子裡沒有萬象世界的倒影。它是本來人，沒了血肉和骨頭，但不僅能向父母現身，也能向所有的兄弟手足（包括無情和有情眾生）現身。它是年齡無法依數字計算的「父親」，因此在它眼中，萬事萬物都是概念化的「孫輩」。它和般若同住在靜止的究竟狀態裡，那裡沒有二元對立。就算我們想花力氣把它拉到有分別心的意識表面，也不可能做到。我們不能以「有」和「無」來談論它。經由推論創造出來的分類，在此完全不適用。試圖把它從「非此非彼」（neti, neti）的永恆靜默中喚醒會「殺死」它，也就是說，識感知到的會是一具飽受殘害的屍體。

這是般若的居所，但喚醒般若的從來就不是般若自己，而是識。不過，識並不知道這一點，因為在識的想像裡，有了識才有能感受的世界，如果般若屬於這世界，那般若必然位於識的層次，因此可有可無。其實少了般若就沒有識，般若是識不可缺少的存在前提。因為有般若，本體法則才能發揮作用，而本體法則是識的基礎。識不是邏輯的創造者，而是遵循者。對識來說，邏輯是被賦予的事實，識創造的任何方法都無法驗證邏輯，因為識受到邏輯的制約。就像眼睛看不見自己，必須借助鏡子，但看見的仍是倒影，不是真的眼睛。識可以設法辨認自己，但這種辨認只是概念性的，是一種假設。

般若則是內在的眼睛可以反轉看見自己，因為般若就是本體法則。主體與客體是因為般若才得以各自存在，不需要透過任何媒介。識在概念之間移動時需要媒介——這是識的本性。反觀身為本體法則的般若，它不需要從主體轉移到客體。因此般若揮舞拄杖，有時肯定，有時否定，並宣稱「A是非A，所以A是A」。這是般若直觀的「邏輯」。「無區別的連續範圍」必須從這個角度來理解。

「無區別的連續範圍」是識辯證出來的結果，所以它是一種概念，而不是一種體驗。佛教思想從純粹的體驗、自我身分認同（self-identity）出發，是自我演化與自我分別的行為，由此生出了識。因此，識裡永遠可能有般若直觀的存在。一朵花被視為萬象世界裡的一個客體時，我們知道這是識的作用，而識的背後有般若直觀。多數人只察覺到識，察覺不到般若直觀，所以視野變得狹隘，無法深入觸及究竟實相或空。未開悟的人無法從真如的角度看見那朵真正的花。從識到般若並非一個連續的過程或進程，否則般若就不是般若，而是變成識的另一種形態。識與般若之間隔著一道溝，想從此岸渡到彼岸是不可能的，只能奮力跳過去，這是「存在的一躍」。從識的思考到般若的領悟，中途沒有經過媒介、沒有智性的空間，也沒有時間深思。所以禪師要我們「快說，快說！」立即反應，未經詮釋，沒有帶著歉意的說明——這就是般若直觀的本性。

我一開始就說過，般若處理整體，識處理部分。這一點需要更詳細的解釋。如果部分只是零散的碎片聚在一起，彼此之間毫無關聯與脈絡，識就無法用智性來分析它們。識之所以能夠處理部分，是因為這些部分各自都與整體有關，合起來亦然。每一個單元（或單子〔monad〕）都與另一個單元有關，也與其他單元組成的集合體有關，如同一張網。取出一個單元，其餘的單元也緊隨其後。識明白這一點，它可以辨識單元之間錯綜複雜的關係，並指出單元背後必定有聚合的原則。除此之外，識也能清楚說明這些原則，就像哲學與科學一樣。不過，並非整個實相世界都能讓識這麼做；識的視野有限，僅能看見特定區域，而且這些區域不會無限延伸，是有邊界的。

般若的視野無邊無際，含括萬事萬物，它不是有限的連續範圍，超越了無限的空間與時間。般若是統一的原則。但它的作法不是一一檢視個別單元是否屬於整體，而是一眼就能了解整體的狀態。雖然瞬間了解整體，但般若亦將部分盡收眼底。這種體驗可形容為般若的自我演化，藉此般若以動態的方式構思整體，而不是靜態的方式。

不要把連續範圍當成僅僅是單元或單子的堆積；此處所說的連續範圍，不是單純地把單元一一相加並無限重複這個過程。它是具體的、不可切分的、無法定義的整體。在連續範圍裡，部分與整體之間沒有區別。禪學思想家會說，它是「萬里一條鐵」；它沒有可以抓握的「孔洞」。它是「黑暗」的，分辨不出色彩。它像無底深淵，裡面沒有主體與客體的分別。這些描述當然都是比喻，沒有提供很多般若直觀的資訊。但是對實際體驗過般若直觀的人來說，這些比喻性、象徵性的描述意義非凡。專業哲學家要做的，是依照自己慣用的技巧，把這些描述轉譯成自己的詞彙。

連續範圍顯然不是累積單元就能建構的整體。要建構整體還必須加上別的東西，這正是般若直觀的作用。因此，我們必須把般若視為一種賦予價值的原則。般若在連續範圍走一遭，連續範圍從頭到尾都獲得了價值，每一個部分都獲得意義並隨著命脈搏動。每一個單元，包括最微不足道的單元，都充滿意義地在嶄新的情境裡現身。小草不是任人踐踏、與整體無關的東西。洗米桶裡不小心掉出的一粒米，是孕育萬物的真實源頭。正因如此，我們說般若注入生機，識展現殺機。個別部分統一成整體之後才變得有意義，般若直觀完成的正是這樣的統一，不是物理上的聚集，也不是算術上的加總。唯有傾注了般若的識才能實現這一點。

我們說般若直觀無區別或有區別時，不要以為這種區別是連續範圍從外面得到的作用。區別是在連續範圍內部發展出來的，因為維持空的狀態（絕對靜態）並非般若連續範圍的本性。它要求自己無限地區別自己，與此同時它亦渴望保有自己。般若想要保有自我身分認同，卻也允許自己無限分化。所以我們才會說空擁有無限可能性，而非僅是空無的狀態。自我的區別與無區別同時發生，因此永遠都在持續創造——這就是空，也是般若連續範圍。這不是藉由智性產生的概念，而是純粹的行為、純粹的體驗。如同充滿創造生命力（creative élan vital）的點，可以轉變成直線、平面，甚至是三維的立體。

現在我們終於明白這句話的意思：創造即觀想，觀想即創造。空安住於己身時，是觀想。空自我區別時，是創造。這區別的行為並非外部強加，而是自己產生的，因此屬於創造。我們可以說，這是無中生有。空的體會不應是靜態的，而是動態的。般若連續範圍透過觀想進行創造，透過創造進行觀想。

因此，般若既是永恆的演變，也是不變的統一狀態。般若無止境地演變，同時無止境地自我限制，即使融入識裡，也從未失去自己。從邏輯上來說，般若創造力包含永無休止的矛盾悖論；識裡有般若，般若裡有識，有各種可能的形態與方式。所以，般若與識處於無比複雜的詮釋狀態。但我們不可從空間的角度來理解這件事。般若自己編織的詮釋最為詳盡卻也極度複雜，需要系統化歸納，這件事與識無關。般若直觀現身時，這「神祕」揭露自己的祕密，但只要我們的視野沒有超越識的範圍，就無法直搗般若直觀的基礎，自然也無法體會般若如何融合到識裡面。

第五章
答胡適博士（一九五三）

（本章是鈴木大拙教授回應前北京大學校長胡適博士的一篇文章，〈中國禪宗的歷史與方法〉〔Ch'an (Zen) Buddhism in China, Its History and Method〕。這篇回應與胡適的文章原本均刊載於一九五三年四月號《東西方哲學》期刊，〔卷三，第一期〕，由夏威夷大學出版社出版。經《東西方哲學》編輯查爾斯．摩爾〔Charles A. Moore〕的許可，本章收錄了胡適博士該文的部分內容與鈴木博士的回應。）

編輯的話

為文回應一篇文章，必須附上原本的文章讀起來才有意義。不過針對胡適博士論述的中國禪宗史，鈴木博士給予的回應本身已相當完整，他用專文說明為什麼將禪宗歸屬於任何一個歷史時期都是站不住腳的。在此先節錄胡適博士該文的部分內容以及鈴木博士回應中提及的片段摘要，做為本章的開頭。

胡適博士的文章劈頭寫道：

「禪宗超乎我們的理解嗎？

我博學多聞的朋友，京都大谷大學前教授鈴木大拙博士，向西方世界說明和介紹禪宗已超過四分之一個世紀。透過孜孜不倦的努力與多部禪宗著作，他已成功贏得一眾讀者與不少追隨者，尤以英格蘭為甚。

身為他的朋友和一介中國思想史學家，我對鈴木的作品向來保持熱切關注。我從未對他隱瞞，他的研究方法令我感到失望。但最令我失望的是，鈴木與他的弟子都認為禪宗不合邏輯、非理性，所以無法透過智性來理解。鈴木在著作《禪生活》（Living by Zen）中提到：

『若從常識的觀點判斷禪宗，會有一種腳下的大地正在下沉的感覺。所謂的理性思維顯然無法用來評估禪宗的真偽。禪宗完全超越人類的理解範圍。關於禪宗我們唯一能說的是，它的獨特之處在於非理性，或是它超出邏輯理解的範圍。』

我堅決不願接受的，正是人類智性沒有能力理解與評估禪宗的這種論調。所謂的禪宗真的如此不合邏輯、非理性到『超出人類的理解範圍』，人類靠理性或理性主義思維無法『評估禪宗的真偽』嗎？

禪宗運動是中國佛教史上至關重要的一部分，而中國佛教史是中國思想史上至關重要的一部分。禪宗唯有放在歷史背景裡才能得到充分理解，正如中國的其他哲學思想也必須放在歷史背景裡研究和理解一樣。

『非理性』詮釋禪宗的主要問題，在於這些人刻意忽視歷史背景。鈴木說：『禪宗超越時空的相對關係，當然也超越歷史事實。』採取這種非歷史或反歷史的立場，永遠不可能了解禪宗運動與偉大禪師傳授的思想，也不可能希望讓東方人與西方人都充分了解禪宗。最多只能做到告訴全世界禪宗就是禪宗，而且靠邏輯理解不了禪宗。

可是，如果我們把禪宗運動歸位到『時空關係』裡，也就是放在適當的歷史背景裡，以『史實』的角度仔細研究禪宗和它看似奇特的思想，或許可以（且唯有如此才可以）用智性和理性的方式了解與領悟這場中國思想史及宗教史上的偉大運動。」

接下來他簡短介紹了中國的禪宗發展史，從公元八世紀神會禪師的挑戰開始說起，又宣稱菩提達摩代代傳承的六祖應是神會，不應是慧能。相對於神秀主張的漸悟，神會認為頓悟才是佛陀與他的繼承者留下的唯一真諦。是因為神會付出巨大的努力，慧能才有機會取代神秀，成為公認的禪宗六祖。胡適博士描述了公元八世紀的七個禪宗宗派，以及佛教在公元九世紀受到的嚴重迫害。

最後他提到「禪宗方法的發展」，這是鈴木博士回應最多的一個段落。

「做為中國思想史的一個時代，禪宗歷時約四百年——公元七〇〇至一一〇〇年。頭一百五十年屬於東土禪宗的偉大開創者——大膽思考、勇敢質疑與平鋪直敘的年代。從那段時期的真實史料看來，從慧能與馬祖到宣鑒和義玄，偉大的禪師用樸實而明確的語言傳道說法，不訴諸神祕的言詞、動作和行為。有些很出名的神祕答案被認為出自馬祖與他的弟子，但無疑都是非常後來的產物。

隨著禪宗各宗派在知識圈與政治圈漸漸受到重視，甚至漸漸盛行，僧侶和禪宗愛好者也開始用禪師的語彙來交談閒聊，儘管他們並不真正了解或信仰禪宗。禪宗鼻祖的偉大思想淪為所謂的『口頭禪』，這是很危險的事。與此同時，禪宗快速取代佛教的其他宗派，住在山裡的知名禪師經常接受召喚出山，到大城市的寺院擔任住持。就算他們心中相信世上沒有佛也沒有菩薩，仍必須應公眾和政府的要求執行或主持許多佛教祭典。他們敢不敢告訴寺院仰賴的位高權重的資助者，『佛陀是誘人墮入魔道深淵的殺人兇手』？有沒有什麼既溫和又同樣發人深省的方式，能用來表達早期禪師那樣坦率說出口的話？

這些情況前所未見，說不定還有更多，禪師不得不發明新的教學方法來傳授真理，包括各式各樣奇特、甚至看似瘋狂的動作、言詞或行為。義玄本人可能就是使用這些技巧的第一批禪師，他的著名招式包括棒打提問人，或是對他們大聲怒吼。在接下來的數百年，這種獨特的禪宗指導取代了單純的口述教學，而義玄所屬的臨濟宗在這方面扮演重要角色，或許不令人意外。

其實這種充滿瘋狂技巧的指導方式沒有大家說的那麼不合邏輯、非理性。我曾用心檢視相對可靠的禪宗文獻以及證人與批評家的證詞，這使我相信在表面的瘋狂與混亂背後，有一套刻意且理性的方法，或許可稱之為從痛苦中學習的教學法，藉由自身的努力與不斷擴大的生活經驗去領悟。

大致上，這種教學法分為三個階段。

第一階段，基本原則『不說破』。對於剛進門的弟子，師父不能把佛法說得太好懂，這是師父的責任；他不可以用通俗淺白的言詞去解釋；他必須鼓勵弟子自己思考，自己領悟。法演（寂於公元一一〇四年）是最偉大的禪師之一，他常引述一位佚名作者的詩句：

鴛鴦繡了從君看，

莫把金針度與人。

這個觀念重要到連十二世紀最偉大的儒學思想家兼教育家朱熹（公元一一三〇至一二〇〇年）都曾告訴學生：『儒家與老莊思想都沒有傑出的繼承人，但禪宗不用擔心後繼無人，他們甘冒說不清道不明的風險也不用淺白的語言傳道說法，讓弟子自己思考琢磨，達到真正的領悟。』有位偉大禪師常說：『感謝我的師父從不為我明白解釋任何事。』

第二階段，為了貫徹『不說破』的原則，九世紀與十世紀的禪師想出五花八門的奇招來回答問題。剛入門的弟子若問『什麼是真理？』或『什麼是佛法？』，禪師幾乎都會甩他一耳光、拿棍棒打他，或是嚴肅地一語不發。有些禪師比較親切，會叫提問的人去廚房洗碗。有些禪師則是說出看似毫無意義或是饒富深意的矛盾答案。

有人問創立雲門宗的文偃禪師（寂於公元九四九年）：『如何是佛？』文偃說：

『乾屎橛。』（這句話大概對神明不敬得太超過，所以鈴木翻譯時故意譯成『乾掉的拂塵』〔a dried-up dirt-cleaner〕，這當然是既錯誤又無意義的翻譯。）文偃的答案並非那麼荒謬，它呼應了文偃的師祖宣鑒大逆不道的言論：『佛是老臊胡的乾屎橛，聖人也只是空有虛名。』

洞山良价禪師（寂於八六九年）是曹洞宗的開山鼻祖之一，有人問過他同樣的問題，他平靜地說：『麻三斤。』早期有些禪師抱持著自然主義思想，所以這個答案不算莫名其妙。

可是剛入禪門的人極有可能聽不懂這種答案，所以他會乖乖去廚房洗碗。他不解其意，並因此感到丟臉。一段時間後，禪師會建議他離開這裡，去別的地方試試運氣。於是他進入學禪的第三階段——也就是這套教學法最重要的階段：行腳。」

胡適博士說，行腳是只帶一根拄杖、一個缽、一雙草鞋，沿途乞食借宿，由此鍛鍊體能與意志。行腳是觀察世界、認識各種人的機會，包括當代的智者。久而久之，行腳的人會因為某件小事而頓悟。胡適博士在文章最後寫道：

「如此說來，禪宗真的是不合邏輯、非理性、超出智性的理解範圍嗎？」他用十一世紀禪宗大師法演說過的一個故事來回答這個問題，故事講的是一個老賊教兒子竊盜。這個故事在忽滑谷快天的著作《武士的宗教》（The Religion of the Samurai, pp. 179-80），以及鈴木博士的《禪佛教論集》第一輯（Essays in Zen Buddhism, pp. 296-7）均有收錄。

鈴木博士的回應

1

胡適博士評論中國禪宗的文章內容既豐富亦具啟發性，我拜讀後的心得之一是他雖然歷史涵養深厚，卻對背後的參與者一無所知。歷史是一種屬於大眾的公共財，人人都可以依照自己的看法任意評斷。不過歷史是客觀的，史料或史實雖然在歷史的構成裡不算是確鑿的元素，但如同科學研究，學者隨時都能檢視它們。當然，檢視這些東西靠的不是設計過的實驗。另一方面，掌握歷史的參與者或創造者，也就是歷史背後的推手，對歷史學家來說是很棘手的事。建構他們個體性或主體性的因素，沒辦法成為歷史研究的客體，因為這個因素不會客觀地呈現自己。唯有他們本人才能體會。他們是獨一無二的存在，絕不可能被複製，而且從形上學或是從最深層的意義上來說，這份獨特性只有他們本人才能以直觀察知。深入探究這份獨特性，不是歷史學家該做的事。事實上，就算歷史學家努力嘗試，也只會以失望收場。胡適的嘗試就失敗了。

我的另一個心得是，當我們直接面對禪宗時，至少會有兩種心態。一種能夠理解禪宗，所以有資格對禪宗發表意見；另一種完全不明白禪宗是什麼。這兩種心態的差異是本質上的差異，沒有協調一致的可能。我想說的是，第二種心態認為禪宗所屬的領域完全超乎心智範疇，因此不值得浪費時間探索。而第一種心態非常清楚第二種心態執迷不悟的原因，因為他們在開悟之前也有過同樣經歷。

我認為胡適代表第二種心態，除了禪宗的各種歷史背景之外，他沒有資格討論禪宗。禪宗的理解必須是由內而外，不是由外而內。必須先擁有我所說的般若直觀，才能進一步研究它的客觀化表現。收集所謂的史料，然後評斷這就是禪的特徵、禪的本質、禪在每個人內心深處的活動，這種方法並不正確。

胡適是歷史學家，他知道禪宗在歷史上扮演的角色，但他不了解禪宗。他可能不明白禪宗有自己的生命，獨立於歷史之外。他徹底探究禪宗的歷史角色，卻仍未察覺禪宗今日依然生氣蓬勃，值得他好好觀察，也值得他（可能的話）以「非歷史」的方式對待。

2

我說禪宗是非理性的，而且超出智性的理解範圍，胡適似乎不太高興，他想證明把禪宗放在歷史背景裡就能輕鬆理解禪宗。他認為如此一來就能看出，禪宗運動在中國佛教史上「只是規模較大的運動的一小部分，這場運動或許能正確地描述為佛教的內部改造或改革」。讓我來確認一下他說得對不對。

我的論點有兩個：一、禪宗無法單靠智性分析來解釋。只要智性仍使用語言與概念，就永遠不可能理解禪宗。二、就算透過歷史理解禪宗，胡適把禪宗放在歷史框架裡的方式仍是錯的，因為他不明白禪宗。我必須堅定地強調，我們得先從禪宗自身去理解禪宗；做到之後，才能接下去研究禪宗的客觀史實，就像胡適那樣。

先說第二個論點。

胡適似乎沒有搞懂「頓悟」在歷史上的真實意義。他非常在意道生的頓悟成佛說，並認定這就是禪宗思想的開端。其實「頓悟」是佛教思想的精髓，佛教的所有宗派，包括大乘、小乘、唯識宗、中觀宗，我認為甚至連淨土宗在內，都能溯源至好幾個世紀前佛陀在尼連禪河畔的菩提樹下覺悟成佛。佛陀的覺悟正是「頓悟」。佛教經典經常提及這種覺悟體驗，例如《維摩詰經》、《楞伽經》、《圓覺經》等等。雖然《圓覺經》出處有爭議，但它是最重要的禪宗經典之一。

禪宗史上最突出的人物是慧能，在許多層面上，他都可說是中國的禪宗初祖。他的思想突破窠臼。據說他是農夫之子，大字不識，住在遠離唐代文化與文明中心的嶺南地區，但他擁有了不起的開創精神，顛覆傳統，為佛教研究開啟新的領域。他的思想是：禪那（定）與般若（慧）同為一體；有禪那就有般若，有般若就有禪那；兩者密不可分。[1]在慧能之前，禪那與般若被視為兩種東西；至少它們的一體性並未明確定義，於是在禪那獲得重視的同時，般若遭到忽略。佛陀無比重要的覺悟體驗以靜態的角度解讀，而不是動態的角度，佛教思想結構的基礎概念「空」也因此變成一種死物。慧能使覺悟體驗重獲新生。

根據《楞伽師資記》，東土禪宗的四祖道信是一位偉大的禪師，他將衣缽傳給五祖

1 《法句經》，第三七二句。

弘忍；弘忍門下有十來位優秀的禪師，慧能是其中之一。道信與弘忍都沒有明確定義禪那和般若的差異與一體性。或許他們沒有碰到非這麼做不可的情況。但到了弘忍的弟子這一代情況變了，慧能有個同門叫神秀，他的傑出幾乎使慧能相形見絀。神秀與慧能兩個人截然不同——學習、修行與性格等方面皆是如此。慧能留在南方，神秀則是在朝廷的迎請下去了京城。想當然耳，神秀與他的思想更加受到推崇。慧能沒有為了與神秀競爭而特別努力，他留在偏遠的城鎮，繼續用自己的方式傳道說法。慧能與神秀之間的思想差異之所以浮上檯面，是因為慧能的小弟子神會的緣故，南北宗之間的高下之爭就此展開，這件事胡適的文章裡已有詳盡描述。

然而，神會強調的頓悟法門未能完全反映出慧能的精神。對禪那與般若的定慧一體來說，頓悟是次要的問題。根據我的「歷史了解」，定慧一體先出現，領悟了定慧一體之後，頓悟自然隨之發生。神會之所以必須強調頓悟，大概是因為神秀的弟子強烈反對頓悟。宗密禪師曾說神會的思想是「知之一字，眾妙之門」，這句話一語道破神會的立場。「知」指的是般若直觀，而不是知識。若把這裡的「知」像胡適那樣解讀成知識，可就完全搞錯了，不僅無法理解神會與慧能的思想，也理解不了禪宗本身。「知」是這裡的關鍵字，是解開禪宗所有奧祕的鑰匙。稍後我會繼續說明這一點。

慧能直觀地認為禪那就是般若，定慧一體在中國佛教思想史上是開創性的新思想。智顗是偉大的佛學家，法藏的成就更在他之上。法藏是佛教思想在中國發展至巔峰時期的代表人物，他將眾多佛典系統化整理成《華嚴經》，這是中國思想在智性方面的一大成就，對人類思想史來說也是意義非凡。慧能在禪宗直觀上的成就深具文化價值，絲毫不亞於智顗和法藏，他們兩人擁有最高層次的精神境界，不僅在中國，放眼世界亦然。慧能的定慧一體思想到底是什麼？它如何影響後來發展出來的各種禪宗宗派？本文篇幅有限，我無法詳答這些問題。[2]在此先舉神會的例子。神會曾與慧澄禪師討論定慧一體，他對東道主王維說：「現在這樣與你交談的我，就是定慧一體。」[3]這句話言簡意賅地說明了這種思想，或者說，神會本人就是定慧一體的實際展現。馬祖禪師承襲定慧一體思想，說出了那句名言：「平常心是道。」他自己對這句話做了解釋：「平常心意味著無造作，無是非，無取捨，無斷常，無凡無聖，非聖賢行，是菩薩行。只如今行住坐臥，應機接物，盡是道。」[4]

2　我的《禪宗思想史》（History of Zen Thought）第三冊有討論這個問題。這本書以日語書寫，目前尚未出版。
3　鈴木版本的《荷澤神會禪師語錄》（Shen-Hui-Sayings），頁31-2。
4　《傳燈錄》第二十八卷。

下面再舉幾個定慧一體發展出來的例子：

僧人問長沙景岑（南泉普願禪師〔寂於公元八三四年〕的弟子）：「什麼是平常心？」景岑答：「要眠即眠，要坐即坐。」僧人說：「我不懂。」景岑說：「熱了就乘涼，冷了就取暖。」

僧人問景岑：「南泉說，貓和牛有知見，三世諸佛卻沒有知見。為什麼三世諸佛沒有知見？」

景岑：「他們尚未進入鹿苑時稍微有一些。」

僧人：「貓和牛為什麼有知見呢？」

景岑：「你不應懷疑牠們。」

我稍後試著區分相對知識（relative knowledge）與超越知識（transcendental knowledge）的時候，這則問答的涵義會更清晰。胡適或許認為這是一種「瘋狂」的禪宗教學法，目的是讓僧人靠自己直接領悟真理。

從某個角度來說，這種觀察生命的方式可歸類為自然主義，或甚至是獸性的放縱（animalistic libertinism）。但不要忘記人類是人類，動物是動物。人類的自然主義與動物的自然主義之間，必須有明顯的界線。人類會提問、等待、決定、行動；動物不提問，而是直接行動。這是動物相對於人類的優勢，也是動物只能是動物的原因。人類的自然主義不同於動物的自然主義。有時候人類肚子餓了，會決定不吃東西。有些人甚至會決定絕食自盡，這也是人類的自然主義。或許稱之為非自然主義會更貼切。

無論是自然主義的肯定，還是非自然主義的否定，我們每個人內在都有能夠發展成我稱之為超越的「肯定」態度或心境的東西。當禪師說「是麼」、「只麼」、「如是」、「如此」、「只這是」之類的話時，我們都能在他們身上看見這一點。禪師用來表達「肯定」心境的語彙，或是接受佛法裡真如或空[5]的語彙，當然不只這些。

嚴格說來，真如不可能成為一種哲學思想，因為真如沒辦法明確定義。一旦把真如

5 我認為「真如」或「是麼」（梵語：tathata，日語：其の儘）是所有宗教體驗的基礎，讀者可以參考《聖經》〈出埃及記〉第四章第十四節，神向摩西透露自己的名字時說：「我是自有永有的。（I am that I am.）」亦可參考哲學家馬里頓（Jackques Maritain）的《形上學序論》（A Preface to Metaphysics）頁93，他將「一體性原則」闡釋為「存在即是存在」（being is being）。我為《東西方哲學史》（History of Philosophy Eastern and Western, Vol. I, pp.587 ff.〔Allen and Unwin, 1952〕）寫過一篇「日本思想」的文章，也可幫助讀者理解神道詞彙裡的「其の儘」與「惟神」。

當成一種觀念來談，真如就不再是真如；它會變成一個影子，建立於其上的任何哲學都像沙堆上的城堡。你只能在自己的內在體驗真如或「只這是」。因此我們或許可以說，唯有親身體驗過的人才能夠以此為據建立暫時的思想體系。不過這些人往往選擇沉默而不是用言語表達出來，或是選擇所謂的象徵主義而不是訴諸理智。他們不想冒險使用可能造成誤解的形式，因為他們知道指月的手指很容易被當成月亮。大致而言，禪師鄙視那些賣弄言詞和觀念的人，在這方面我跟胡適同為罪人，都是殺了佛和祖師的兇手，也都注定要下地獄。

不過下地獄若是對他人有好處，也不算壞事。索性就讓我們繼續這麼做吧。至於我，請容我引述《傳燈錄》第十四卷藥山惟儼（公元七五一至八三四年）的問答，希望能幫助讀者了解真如體驗或「只這是」心境是什麼意思：

有天石頭希遷（公元七〇〇至七九〇年）看見藥山正在靜坐，便問他：「你在做什麼？」

藥山：「什麼也不做。」

石頭：「那就是在閒坐。」

藥山：「閒坐是做『閒坐』這件事。」

石頭：「你說你什麼也不做，那你不做的是『什麼』？」

藥山：「連古代千聖也不知道。」

於是石頭為此做了一首偈言：

從來共住不知名，任運相將只麼行，[6]

自古上賢猶不識，造次凡流豈可明。

後來有一天，石頭說：「言語和行動都沒有用。」

藥山：「不言語、不行動，同樣沒有用。」

石頭：「這裡連針也扎不進去。」

藥山：「這裡如同在石頭上種花。」

6　「只麼」和「任運」是這首偈言的精髓。「任運」譯為as the wheel turns或as the wind blows，這個詞跟宿命論無關。「任運」經常和「騰騰」放在一起。「任運騰騰」意義非凡，寥寥幾個英文字很難說清楚。可簡短譯為「讓你的意志得以實現」，只是少了「我的主，我的神，你為什麼遺棄我？」「騰騰」是近乎歡騰地奔跑，至少是處於完全放鬆的心境，沒有恐懼、焦慮、擔憂。

石頭表示非常贊同。

米嶺和尚[7]即將圓寂，他告訴弟子：「你們要審慎思考，畢竟一切『只這是』！」

有僧人問利山和尚[8]：「如何是西來意？」

利山：「我沒看見『如何』。」

僧人：「為什麼如此？」

利山：「只為如此。」

「只如此」、「是麼」、「只這是」——禪師用它們來表達超越語言或無法藉由觀念來說明的事。禪師想要多說一點的時候，他們說「如同在石頭上種花」，「蠢老頭擔雪填井」，或是「無底籃裝菜」。他們愈是努力表達，說出口的話反而愈神祕。這不是什

7 《傳燈錄》第八卷，〈米嶺和尚〉。

8 《傳燈錄》第八卷，〈利山和尚〉。

麼特別的教學法。他們只是想要把心中所想表達出來。他們也並非支持不可知論。他們只是有話想告訴其他人的普通禪師罷了。

無論禪宗應放在哪一種歷史背景，無論歷史學家如何看待禪宗，是革新的、反偶像崇拜的還是顛覆傳統的，我們都必須記住用這種方式討論禪宗，絕對說明不了禪宗的自性（svabhava或svalaksana）。從歷史的角度討論禪宗，頂多只能理解禪宗與所謂的歷史因素之間的客觀關係。歷史學家即便用最好的方法、最高的創意去理解這些關係，也不可能全方位理解禪宗。若要知道禪宗本身到底是什麼，只能從內在著手。遺憾的是，胡適似乎忽略了這個角度。

3

胡適的疏漏，反映在他如何處理宗密禪師對神會禪師的描述上。宗密將神會的思想總結為一字曰「知」，並稱其為「眾妙之門」。胡適把「知」翻譯為「知識」，並認為這是神會採用智性手段的最佳證據。這種說法證明胡適並不理解禪宗本身，只知道禪宗的「歷史背景」。

神會的「知」指的不是智性的知識，而是我所說的「般若直觀」。[9] 要說明我對「知」的看法得花很多篇幅，但我必須說一說，因為這是禪宗的核心思想。了解「知」是什麼，就對禪宗有些了解。

佛教思想家經常提到真如，而當禪師挑起眉毛，或揮舞拄杖，或咳嗽，或搓手，或大喊一聲「喝」，或只是說「是，是」、「你是對的」、「只這是」等各式各樣無窮盡的表達方式，別忘了它們全都指向或許能稱之為自我意識或純粹體驗、純粹覺醒或直覺（般若直觀）的東西。這是人類一切經驗、一切知識的根本基石，而且是無法定義的，因為定義意味著形成觀念與客體化。這個「東西」是「主體」（subjectum）或「空」（sunyata）的究竟實相。更重要的是，它擁有自我意識，只是並非相對意義上的自我意識。這種自我意識就是「知」，宗密與神會說它是解開禪宗奧祕的眾妙之門，是很恰當的描述。

我想提醒胡適，知識通常意指主體與客體之間的關係。在沒有主客二元分別的地

9　請見我刊載於《東西哲學論文集》的文章（*Essays in East-West Philosophy: An Attempt at World Philosophical Synthesis*），編輯為查爾斯・摩爾，由檀香山夏威夷大學出版社出版（Honolulu: University of Hawaii Press 1951, pp. 17-48）。〔編按：即為本書第四章。〕

方，知識不可能存在。帶有智性的事情不能貼上知識的標籤，這麼做會使我們陷入混亂與矛盾。隨著意識不斷內縮的過程結束，自我意識到它自己，這個最終狀態我們必須稱其為最深層的自我意識。這是真正的自我意識，主客不分，主體就是客體，客體就是主體。如果我們認為主客體之間仍有分別，這表示我們尚未到達意識的極限。超越極限並察覺到這種超越後，自我不留一絲痕跡，只有非我的無意識意識，因為此刻我們超越了主客體關係的範疇。

神會稱之為「知」，也就是般若直觀，或可簡單叫做般若，相對於「有分別心的知（discriminatory knowledge）」的識。正因如此，我們才說禪宗的非理性超出人類的理解範圍。「知」既是般若的絕對客體（absolute object），也是般若本身。中國佛教思想經常說這是「般若之智慧」，因為他們想強調一般認知裡的智慧與般若並不相同。

專業的哲學家或歷史學家或許會否定此處所說的「知」的存在與真實性，因為他們（尤其是歷史學家）認為，「知」會干擾他們以客觀和「歷史」的角度討論禪宗。歷史學家選擇使用奇特的手段。凡是不容易放入歷史背景裡來解釋的事情，全都歸類為「人為」、虛構或人造。我認為這樣的歷史一點也不客觀，反而充滿強烈的主觀色彩。

接下來我要從知識論的角度介紹禪宗。說到「真實」，可憑藉兩種資訊。一種資訊是與真實有關的知識，一種資訊來自真實本身。以最粗略的定義來說，前者是可知的知識，後者是不可知的知識。

描述主體與客體關係的知識，屬於可知的知識。主體是知者，客體是被知者。只要這種二元對立是成立的，所有奠基於其上的知識都是可知的，因為它是任何人都能取得的公共財。相反地，未知或不可知的知識不是公共財，沒辦法與他人分享，因此是絕對私人的。[10]不可知的知識來自內在體驗；因此，它是完全個人而主觀的。但這種知識的奇特之處，在於擁有它的人堅信這種私人體驗具有普遍性。他們知道大家都有這種體驗，只是不一定有所察覺。

可知的知識是相對的；不可知的知識是絕對且超越的，無法透過觀念來傳達。絕對的知識是主體對自身的直接知識，主體與知識之間沒有任何媒介。主體無須為了認識自己把自己細分成不同因素，例如主體與客體。我們或許可以稱之為內在覺察的狀態。這種覺察是讓心免於恐懼和焦慮的主要原因。

10 為了避免造成誤解，我在此做些補充：這種體驗如同感受一樣是完全私人的，但與此同時亦含有普遍性。既無法與他人分享，也可以與他人分享。它本質上並不矛盾，可是一旦它表達了自己，就會變得很矛盾。

不可知的知識是直觀的知識。但是，別忘了般若直觀與感知的直覺截然不同。直覺有區分觀察者以及被觀察的客體，兩者是可以分開的，而且各自獨立、各站一邊。這屬於相對性與分別心的領域。般若直觀則屬於一體與無分別的領域。般若直觀也不同於倫理直覺和數學直覺。

若要概括描述般若直觀，或許可以這麼說：般若直觀並非衍生而來，而是原生的；不憑藉推論、理性、媒介，而是直接的、立即的；不拆開分析，而是整合為一；既非認知，亦非符號；沒有意圖，唯有表達；具體而非抽象；非漸次、無目的，而是實際、究竟、最終且不可縮減的；不是永遠內縮，而是無限包容。若繼續羅列，般若直觀的特性還有很多很多。但有一個特性絕對不能忘記提到：般若直觀的獨特在於權威性，極具說服力，帶來那種「我就是究竟實相」、「我是絕對知者」、「我是自由且無所畏懼的」的感覺。[11]在某種意義上，般若直觀呼應了哲學家斯賓諾沙（Spinoza）的直觀理解（scientia intuitiva）。斯賓諾沙認為，這種直觀是絕對明確而可靠的。它不同於論證，能為心靈帶來至高的平靜與好處。

11 參考《法句經》（Dhammapada）頁153-4, 179。

讓我們看看般若直觀的這些特性（也就是禪的體驗），如何反映在禪師處理禪宗問題的方式上。以下舉幾個例子來說明我的看法。

道悟問石頭[12]：「什麼是佛法大意？」

石頭：「不懂就不知。」

道悟：「向上還有轉處嗎？」

石頭：「長空無限寬廣，不礙白雲飛翔。」

還有一次道悟問他：「六祖的意旨誰人能領悟？」

石頭：「會佛法的人。」

道悟：「師父已領悟了吧。」

石頭：「我不會佛法。」

12 《傳燈錄》第十四卷，石頭希遷大師。

表面上看來，這些問答非常莫名其妙，因為石頭年紀很小的時候曾跟著慧能學禪，後來是在慧能的弟子青原行思[13]門下悟道。這樣的他為什麼會說自己不懂慧能的意旨（也就是禪）呢？第一則問答裡，石頭說不懂佛法的人就不知道佛法是什麼，這是理所當然的事。後來他又說自己不懂慧能的意旨，這是什麼意思？他顯然知道自己不知道。這就是「未知的知識」。

有僧人問大顛[14]：「在其中的人相見時，會怎麼樣？」
大顛：「他們早就不在其中。」
僧人：「仍在其中的人呢？」
大顛：「他們不會問這種問題。」

顯然這種「知」不是可以傳達給他人的知識，它是主觀的，因為它生長於內在，僅

13 寂於公元七四〇年，見《傳燈錄》第五卷。
14 《傳燈錄》第十四卷，〈大顛和尚〉。

屬於這個擁有它的人。我們或許可以說它是「內在知識」。可是當我們一說它是內在的，它馬上就跑到外面，不再是原本的自己。你無法肯定它，也無法否定它。它超越了肯定與否定，但也可以既是肯定也是否定，端看你如何選擇。

因此藥山說[15]：「我有一句子從未對人說。」

道吾：「你已經說了。」

後來有個僧人問藥山：「你從未對人說的一句子是什麼？」

藥山：「無法言說。」

道吾：「你已言說。」

藥山的一句子正是「知」，是「未知與不可知」。它是究竟實相，是神格，裡面沒有任何區別，因此智性無法描述它，說它是這個或那個、好或壞、是與非。討論它就是否定它。藥山一旦開口講到一句子，無論是從負面或正面角度，一句子就已不復存在。

15 《傳燈錄》第十四卷，〈道吾圓智〉。

道吾指出師父的前後矛盾，一點也沒錯。但我們也可以說，道吾自己犯了同樣的錯。只要使用了人類的智性，就無法擺脫這種矛盾。藥山完全明白這一點卻也不能免俗，因為他畢竟是個凡人。以下這段故事表明了藥山的立場，摘自《傳燈錄》第十四卷：

有僧人問藥山：「我還未清楚認識自己，請和尚指示。」

藥山沉默良久後才說：「現在我為你道一句並不難。但是你必須在我說出口的當下立刻明白，這樣還有機會認識一些。如果你有餘裕思量，反而成了我的罪過。倒不如閉緊嘴巴，以免禍從口出。」

藥山這席話非常真誠。

一句子是內在體驗，無法用語言表達，因為語言只是符號，而非意義本身。我們發明語言這種方便的媒介來彼此溝通，卻很容易誤以為語言就是實相。金錢代表有價值的物品，但我們太習慣使用金錢，習慣到把它當成價值本身。語言就像金錢一樣。禪師知道這一點，所以他們經常強烈反對語言和只用語言表達的智性。這是他們使用拄杖、拂塵、大聲呼「喝」等各種舉止的原因。但就連這些舉止也絕非究竟實相；禪師要把內在所知傳達出來，是一項非常艱鉅的任務。但嚴格說來，內在所知是不能傳達的，僅能喚醒。禪師透過語言、動作以及任何他們在當下認為有用的方式，喚醒對方內在的相同體驗。沒有既定的方法，也沒有固定的公式可循。

為了進一步說明「知」的本質（亦即般若直觀），容我再次引述《傳燈錄》的內容。《傳燈錄》是問答寶庫，也包含認識禪宗所需的其他文字紀錄。

有僧人問道吾圓智（公元七七九至八三五年）：「無神通菩薩為什麼足跡難尋？」

「足跡難尋」在禪宗裡有特定的涵義。這是修為很高的禪師應達到的境界。普通人的內在生活會留下各式各樣的足跡，這些足跡能用來察覺和評估我們的內在生活。而我們的內在生活總帶有自私的汙漬、伴隨自私而生的動機，以及實踐這些動機的智性算計。以基督教的角度而言，「足跡難尋」的意思是超越受造物的意圖。也就是形上學的超越肯定與否定，在一體與相同的國度裡行動，因此過著無功用行（anabhogacarya）與不可得（anupalabdha）的生活。這是禪宗思想的重點之一。探查禪師不留足跡的生活，就是探查究竟實相的「未知的知識」。一起來看看道吾是怎麼回答的。他的答案很簡單：

「與他同行的人才知道。」（「他」指的是無神通菩薩。）

僧人：「和尚，你知道嗎？」

道吾：「我不知。」

僧人追問原因：「你為什麼不知？」

道吾：「你不明白我的意思。」

道吾不是不可知論者。他明白一切。他非常了解眼前這位僧人。他的「不知」不可以用智性來理解。五峰曾問道吾：「你識不識藥山老宿？」道吾說：「不識。」這個「不識」與剛才的「不知」性質相同。五峰追問：「為什麼不識？」道吾說：「不識，不識。」他反覆提供一樣的答案，強調自己不識。這是明目張膽地否定「史實」，因為道吾是藥山的大弟子，此事在當時眾人皆知。因此，五峰問的不是人際關係的資訊。道吾當然心知肚明，所以他說「不識，不識」。

我如果繼續往下延伸，肯定沒完沒了。容我再舉一個例子，希望足以說明我對神會、宗密與禪修者使用「知」的看法。

雲巖曇晟[16]（寂於公元八四一年）是藥山的弟子，洞山良价的老師。他曾對僧眾說：「有個人不管問他什麼，他都有答案。」

洞山：「他家有多少典籍？」

雲巖：「一本也沒有。」

洞山：「那他怎麼懂得這麼多？」

雲巖：「他日夜不曾眠。」

洞山：「我可以問他一個問題嗎？」

雲巖：「他的答案是沒有答案。」

如果把這些禪宗問答翻譯成現代用語，可能會是這樣的：

16《傳燈錄》第十四卷，〈雲巖曇晟〉。

一般的想法是：「A」是「A」，因為「A」是「A」；或「A」是「A」，所以「A」是「A」。禪宗同意或接受這種推論，可是禪宗有自己的一套思維，常人無法接受。禪宗會說：「A」是「A」，因為「A」不是「A」；或「A」不是「A」，所以「A」是「A」。

世俗的想法是：事出必有因，空穴不來風，萬事萬物都有因果。在這方面，禪宗與基督教的某個觀念達成共識，那就是神無中生有創造了世界；或是神說要有世界，因此世界誕生；或是「說神昨天或明天創造世界是很愚蠢的，因為神在此時此刻創造了世界與世間萬物」。[17]

數學的推論是：0＝0，1＝1，1＋1＝2，以此類推。禪宗也做這樣的推論，只是禪宗不反對：0＝1，0＝2，1＋1＝3，以此類推。為什麼？因為零是無限，無限是零。這難道不是非理性且超出人類的理解範圍嗎？

17　*Meister Eckhart: A Modern Translation*. Raymond Bernard Blakney (New York and London: Harper & Brothers, 1941), p.214

符合幾何學定義的圓有一個圓周與一個圓心，不多也不少。但禪宗接受一個圓可以沒有圓周也沒有圓心，亦即有無數個圓心。因為沒有圓心，所以圓心無處不在，從圓心出發的半徑均為等長——也就是說，它們都一樣無限長。禪宗觀點認為，宇宙是一個沒有圓周的圓，而我們每個人都是宇宙的圓心。更具體地說：我是圓心，我是宇宙，我是造物者。我舉起手，看哪！空間、時間、因果都出現了。邏輯定律與形上學原則一舉湧入，證實我的手是真實的存在。

4

歷史處理的是時間，禪宗也是，不過有一點不同：歷史對「永恆」（timelessness）一無所知，或甚至鄙視永恆為「虛構」；禪宗接受時間，也接受永恆——也就是說，永恆裡有時間，時間裡有永恆。禪宗活在這樣的矛盾裡。我用了「活」這個字。歷史避開活著的任何東西，因為活人不喜歡被歸為和過去、和亡故的人同屬一類。對歷史學家來說，活人太活生生了。歷史學家習慣從墳墓裡挖出老舊的、腐爛的東西。禪宗不是這樣。雖然禪宗沒有復活的故事，因為禪宗裡沒有生死，但禪宗能起死回生，讓復活者用新的方式討論生命；我們都住在永恆裡。「知」就是察覺這個巨大的事實，而歷史學家似乎並不在乎這件事。

科學教我們抽象思考、概括歸納與專門化。這扭曲了我們對人類的理解，以致我們把具體的生命放在一旁，用死掉的、普遍的、抽象的東西取而代之，也就是在存在意義上並不存在的東西。經濟學家只談「經濟人」，政治家只談「政治人」，歷史學家說不定也已有「歷史人」這個主題。這些都是抽象的、人類虛構出來的。禪宗不談死亡、抽象、邏輯與過去。不知道胡適是否同意我的這句話？

回應至此，希望當我說把禪宗安放在某個歷史角落無法完整解釋禪宗，因為禪宗遠遠超越歷史時，讀者能明白我的意思。歷史或許能說明禪宗和其他東西或事件之間的關係，但這些說明都是與禪宗「有關」，而不是我們每個人體現的禪宗「本身」。如胡適所說，禪宗反偶像崇拜和顛覆傳統，但我們必須記住禪宗不光是如此而已；禪宗不受這個框架限制。

例如，是什麼讓禪宗反偶像崇拜和顛覆傳統？為什麼禪宗看起來那麼愛罵人，即便似乎沒有完全沒必要，也要使用褻瀆神明的言詞、非傳統的手段，或是「大不敬的語言」？我們不能說，禪宗信徒只是想要搞破壞和反對傳統制度。說禪宗具有顛覆性，其實描述得不夠完整；我們必須探究是什麼讓禪宗如此行事。禪宗為什麼變得反偶像崇拜、顛覆、反傳統、「瀆神」以及非理性？禪宗不只是一場反對運動。它也有非常積極和肯定的一面。為了發掘這一面，我或許得暫時扮演歷史學家。

在世界思想史上，禪宗是一場偉大的改革運動。禪宗誕生於中國，而且我認為，它不可能在其他地方誕生。中國有許多值得自豪的東西。我指的不是文化民族主義，而是放眼全球的人類意識發展。在慧能（寂於公元七一三年）的年代之前，佛教仍是充滿印度特色的抽象思考。中國在這方面取得了不起的成就，我認為像智顗和法藏這樣的佛教思想家，可與全球最偉大的思想家並駕齊驅。他們當然都是中國人，但我們或許可以說，他們的思考方式受到印度前輩的啟發，可說是馬鳴大士、龍樹菩薩、無著菩薩等印度先驅的直接法嗣。而中國人的心靈之所以能夠與印度人的心靈分庭抗禮，靠的是禪宗。禪宗不可能在中國以外的地方、中國人以外的民族裡誕生和茁壯。看看禪宗如何在唐代和宋代席捲中國。這是中國思想史上值得注意的現象。禪宗為什麼能夠在中國的道德、智性和精神上，發揮如此強大的影響力？

若用一個詞就能總結一個民族或種族的特色，我認為中國人的特色是腳踏實地，這與喜歡思辨、抽象思考、超脫世俗、非歷史思維的印度人截然不同。佛教僧侶初抵中國時，中國人很抗拒他們不事生產和禁慾的生活方式。中國人認為：這些僧人不工作，誰來養他們？當然是那些沒有出家的人。俗家人必須工作養活不工作的米蟲。僧人不結婚，誰來祭拜祖先？印度人對此習以為常，靈性導師無須勞動，他們仰賴俗家人提供食物、衣物與住處是天經地義的事。耕田、砍柴、洗碗，做這些事有失尊嚴。這種社會情況是禪宗不可能誕生於印度的原因，因為禪師與弟子一起從事各種勞動，並且一邊勞動一邊問答，討論非常形而上的問題，這是禪宗的典型特色之一。因為相信真理無處不在，他們討論時故意避免使用抽象詞彙，經常利用身邊的具象物品。採茶時，茶樹變成對話的主題。行走時看到鳥獸，就用鳥獸來進行生動的問答。不僅是生物與非生物本身，生物與非生物的活動也會拿來認真探究。對禪師來說，生命本身與生命的動態都是道的豐富表現。

因此，無論禪師正在編草鞋、粉刷牆壁、唸經還是喝茶，都會有僧人上前提問。同樣地，禪師看到弟子正在割草、收麥、搬柴、搗米或是推車，也會直接上前提問，要他們回答看似無關緊要、實則充滿形上學或靈性深意的內在問題。趙州茶是最有名的例子之一，因為趙州禪師[18]對求教的僧人一視同仁，均以茶水接引。禪師隨口問僧人的來

18　《傳燈錄》第十卷，〈趙州從諗〉。

意，然後根據僧人的答案給予不同的回應。這或許可稱為禪宗的實用教學。

要是禪宗循著思辨的智性路線發展，絕不可能變成現在的模樣。但禪宗的軸心是般若直觀，關注的是修行與實踐生命的絕對當下。禪宗的修行全都圍繞著絕對當下。任何事物或修行的道德價值都是後來才出現的，當修行已經完成、變成獨立於修行者的研究客體時，才會發展出道德價值。評斷價值是次要的，對進行中的修行本身來說並非必要。禪宗的日常就是好好活著，以及不要用外在的目光看待生活——這麼做會讓生命遠離生活。除此之外，語言、想法、觀念等等，這些都不是禪宗感興趣的事。

心中會有褻瀆或聖潔、守禮或無禮之類的疑問，都是因為抽象思考與遠離生命的緣故。一旦冒出這樣的疑問，禪立刻跑到十萬八千里遠外的地方。禪師不會陷入一件事是不是習俗禁忌之類的無聊討論。他們的目的不是破除偶像崇拜，而他們評斷價值的方式會從內在生活裡自動產生。我們這些外人評斷他們的時候，僅能憑藉禪修生活留下的痕跡，也就是生命早已完結的屍體。禪宗與生命維持緊密連結。我不會說印度人的心靈不是這樣，但中國人的心靈有比較強的土地意識，他們喜歡腳踏實地，不喜歡離土地太遠。這是中國人講究實際的一面，禪宗也充滿這樣的精神。慧能從未停止舂米砍柴，百丈[19]是善用這種原則管理禪寺的天才人物。

胡適無疑是出色的作家，也是敏銳的思想家，他認為禪宗用非理性與「表面的瘋狂」等方法是出於經濟需求，目的是獲得位高權重的資助者支持，這樣論證邏輯至少可說是毫無邏輯，也無法為他的理性歷史主義（rational historicism）加分。胡適說「這些情況前所未見，說不定還有更多」，但他沒有明確指出「說不定還有更多」的是什麼情況。他大概沒空去調查「還有更多」的情況出現時是怎樣的「歷史背景」，迫使禪師採取「瘋狂技巧」，而不是「單純的口述」。

但我們能否想像，真的有禪師認為世上沒有佛也沒有菩薩嗎？或是真的有禪師相信即使世上有佛，也不過是「誘人墮入魔道深淵的殺人兇手」，而且他們無力拒絕邪惡權勢的任何資助嗎？禪師一方面追求位高權重者的資助，一方面創造「既溫和又同樣發人深省的方式，來表達早期禪師坦率說出口的話」，這兩者之間有什麼邏輯關聯嗎？

揮舞拄杖或「喝！」地大叫一聲，比早期禪師的坦率直言溫和嗎？我不知道胡適為什麼認為「喝！」與「拄杖」不夠坦率，只是「看似瘋狂」。在我看來，「喝！」與

19 《傳燈錄》第六卷，〈百丈懷海〉。

「拄杖」的坦率程度，不亞於直接說「無佛！」、「無執念！」等等。事實上，比起所謂的「樸實而明確的語言」它們的表達更強烈、更有效率、更貼切。它們一點也不「瘋狂」，所以沒有「看似」或「不看似」瘋狂這種事。說到為學生示範或指點，它們是最明智的方法。提問的人本身是佛，卻還問如何是佛，這不是很傻嗎？不耐煩的禪師該怎麼做，才能讓提問者明白這個事實？辯論只會像滾雪球一樣，愈滾愈大。沒有什麼比「當頭三十棒」或中氣十足的一聲「喝！」更加快速有效。雖然提問者與促使他來找禪師的情況也很重要，但禪師用這種「看似瘋狂」的方法效果絕佳。當然，「喝！」與「拄杖」不會每次都代表一樣的意思。它們有各式各樣的用意，你需要擁有深刻的禪宗洞察才能理解它們在不同情況下的意義。舉例來說，臨濟義玄就把「喝！」分成四個種類。

接下來我要問的是，胡適所說的「早期禪師」是哪些人？胡適承認臨濟義玄有話直說，德山宣鑒亦是如此。他們正是愛用拄杖棒打和大聲呼「喝！」的禪師。從時間先後來說，馬祖禪師比他們更早開始棒喝，甚至連拳頭都用上了。馬祖可說是禪宗「瘋狂」教學法的始祖。與馬祖同時代的石頭禪師同樣以深刻的禪宗洞見和領悟聞名，他沒有馬祖那麼「瘋狂」，但禪宗在中國的興盛，尤其是在中國南方，就是從「河西的馬祖」與

「湖南的石頭」開始。胡適口中的「早期禪師」必定是年代早於馬祖與石頭的禪師，也就是神會與慧能、南嶽懷讓、青原行思等等。但胡適顯然把臨濟、德山、馬祖等人，也歸類為以坦率淺白的語言闡述佛法的禪師。

胡適不明白「不說破」的真實涵義。不說破不只是不直接說明。我希望他還記得，般若直觀的本質裡，有些東西是智性無論如何都明白不了的，再怎麼坦率淺白都沒用。它並非刻意為之，因為這種表達方式就是做不到。般若直觀超越二元對立，它不願意偏向任何一邊。所以我才會說，禪宗超越人類的理解範圍；此處的「理解」指的是概念化。若將禪的體驗（或是般若直觀，二者同義）概念化，它就不再是禪的體驗本身，而是變成別的東西。「不說破」不是一種教學法，而是體驗形成過程裡原本就有的東西，就連禪師也對它無能為力。

為了說明我的看法，以下再舉兩則問答為例，主題都是古鏡，但看起來似乎完全相反。

僧人：「尚未磨過的古鏡是什麼？」

禪師：「古鏡。」

僧人：「磨過之後呢？」

禪師：「古鏡。」

另一位禪師也碰到同樣的提問，他的第一個答案是：「照天照地。」第二個答案是：「黑似漆。」

古鏡代表究竟實相、神格、心、無區別的整體。「磨過之後」指的是區別、神創造的世界、萬象宇宙。第一則問答裡，古鏡磨或不磨都維持原貌。第二則問答裡，尚未磨過或沒有區別的古鏡會照亮整個宇宙，磨過之後失去古老的明亮，萬事萬物遮蔽了光芒。我們或許可以說第二則問答直接牴觸第一則問答，或是第一則無視區別的事實，缺乏理性。我們可以對這兩則問答各自提出更多疑問，也可以討論它們之間的關係。但是，我們「不說破」。為了滿足理解而進行全方位的討論，太耗費時間了。等到討論結束，我們已忘記最初開啟討論的直觀是什麼；事實上，我們會連自己在哪裡都不知道了，因為拋來拋去的論點如塵土般愈積愈厚，將我們掩埋。「坦率淺白的語言」反而把我們扔進智性的迷宮，沒有提供任何實質的答案；我們就像蒸發了一樣虛無。

朱熹是偉大的儒學思想家——這一點無庸置疑。但是他對古鏡的理解欠缺般若直觀。因此他對「不說破」和刺繡「金針」的見解是不正確的。這才不是什麼教學法。關於「不說破」，以上我已經「說破了」。

接下來說說金針。重點不是刻意藏起金針，不讓外人看見。而是金針沒辦法交到對方手上，就算你想做也做不到。這件事只能靠自己領悟。不是「我不願把它交給你」，而是「我沒辦法把它交給你」。每個人都擁有金針，唯有當我們在無意識裡發現了它，它才會屬於我們。別人的領悟說給我們知道，那依然不是屬於我們的領悟。

香嚴的故事或許能說明這種關聯。[20]

香嚴智閒是溈山靈佑（公元七七一至八三四年）的弟子。溈山看出香嚴有禪修慧根，便對他說：「我不問你從經卷冊子和其他事物裡學到多少見解，我只問你這件事：你尚未出胞胎、辨東西之前的事，道一句給我聽聽。」

「一句」是無論你怎麼努力也不可能說破的事，也是無法交給別人的事。禪宗要我

20　《傳燈錄》第十一卷。

們每個人都用自己的方式、從意識深處去領悟，甚至是在心理上或生理上都還未察覺到的時候。也就是說，這超出了人類的相對理解範圍。我們怎麼可能做到呢？但溈山這位傑出禪師卻要他的弟子道一句。

香嚴沒有答案，也不知道該說什麼。他沉吟許久才說出自己的看法，卻都遭到溈山的否定。於是他請溈山直接告訴他正確答案。溈山說：「我說的是我的見解，對你沒有益處。」香嚴回到自己的房間，拿出大量的筆記翻閱，卻發現沒有一句話能幫他找到答案。他萬分沮喪地說：「畫餅不可充饑。」於是他將筆記全部燒掉，並決定此生不學佛法，因為他自認能力不足。他離開溈山，住進一座廟宇，忠國師的墳塚就在此處。有天他在掃地時，掃帚揮到一片瓦礫，瓦礫敲到竹子，發出聲響。這突然喚醒他無意識的意識，這是他出生之前就有的意識。他很高興，並對師父溈山當初沒有說破那「一句」心懷感恩。於是他寫了一首偈言，頭兩句是：

一擊忘所知，
更不假修治。

溈山沒有為香嚴解釋那「一句」，對於該用什麼特定的方式指點香嚴也毫無想法。就算他想為心愛的弟子這麼做，也是不可能的。所以他才會告訴香嚴，他的見解屬於他自己，不屬於其他人。知識可以在人際之間傳遞，因為知識是人類社會的共有物，但禪宗不是這樣運作的。在這方面，禪宗是絕對個人的。

關於胡適對東土禪宗的看法，我想再補充一點說明。

胡適在做東土禪宗的歷史研究時，必定注意到雖然「禪」（Zen）源自梵語，但禪宗與印度佛教的禪那（dhyana）幾乎毫無關聯。在六祖慧能之後，「禪」的涵義不再是冥想或默觀。我在前面說過，是慧能的改革運動切割了東土佛教與印度佛教。

定慧一體是慧能留給中國佛教的遺澤。神會闡述這個主題時表達清晰，他的禪宗領悟比馬祖、石頭等人更加智性，但這也是神會的宗派在中國比較不得人心的原因之一。中國人沒那麼智性或形而上，禪宗是誕生於中國心靈的產物，用智性來修禪只會適得其反。臨濟宗修禪的方式比較貼近禪宗精神，也比較適合中國人注重實際、直奔目標的特質。總而言之，定慧一體是禪宗根本特色的基礎，而如前所述，神會用一種相當平易近人的方式傳授這種根本特色。

在慧能之前，禪那（定）與般若（慧）的關係這個問題在中國並非討論焦點。印度人本來就比較重視禪那，較不重視般若，中國的佛教徒也跟隨印度前輩的腳步，對般若不甚關注。慧能一登場就立刻察覺到般若才是佛學研究的根基，但只要我們一直為了修行禪那而犧牲般若，真正的問題就可能遭到無視。除此之外，禪那已和「止」（samatha）與「觀」（vipasyana）混淆，止觀是天台宗的重要法門。我不認為慧能是從歷史的角度意識到這些事，他只是單純想要宣揚般若直觀。因為神秀（或者該說神秀的追隨者）大聲抗議由神會主導的慧能運動，整個情況才受到關注。不過，分不清中國禪宗與印度佛教的禪定有何區別的佛教學者，依然大有人在。

＊

我想拿來討論的主題還有很多，只好留待下次。除了禪宗的歷史背景之外，無論胡適對禪宗本身抱持著怎樣的誤解，希望前面的說明已能為他釋疑。

第六章
問答（一九五三）

禪宗的教學裡，問答是最有特色的方式之一。問答意指「問題與回答」，是兩個人之間的對話，通常是禪師與弟子。不過後者也不一定是弟子，因為任何兩個人或多人都可以進行問答。

問答與對話的差異如下：「柏拉圖的對話」或「佛陀的對話」都是典型的對話，包含連續的問與答。但禪宗的問答簡潔、短促，不是連續的一問一答。考慮到禪的體驗的本質，發展出這樣的問答形式實屬合理。禪宗不是哲學，不是想法建構的網絡，不是概念的開展。如同古往今來的禪師所闡述，禪宗直指人心。禪宗的表達不透過任何媒介。但只要我們是人類、是社會性的動物，就不得不借助工具來表達自己。禪師也逃不過身為人類的制約，所以才會演化出禪宗問答的形式。

可是禪宗一旦訴諸語言表達，便將無可避免地淪為各種不便、限制和矛盾的犧牲品。問答想盡量減少這些缺點。這是問答充滿簡短雋語和啞謎的原因之一，目的是避免對話的發展一發不可收拾。

問答的性質並非固定不變，會根據情況與個人特質而有無窮變化。以下的例子主要摘自《傳燈錄》，這部書收錄了豐富的禪宗問答。

宋代有個名叫長水子璿[1]的禪師，他曾參問琅琊慧覺禪師：

「清淨本然，為什麼忽生山河大地？」

禪師答：「清淨本然，為什麼忽生山河大地？」

「清淨本然」意指絕對或神格。「清淨」在佛教裡的意思是擺脫或沒有各種形態的分別心，若加上「本然」二字，「清淨」的表達就帶有時間意味。因此「清淨本然」的意思是處於絕對超越狀態的神格。問題是：「萬象世界如何誕生於神格？『一』如何生出『萬物』？」也就是說，「有」（being）與「成有」（becoming）是怎樣的關係？

1　《傳燈錄》第七卷。

這是形上學的大哉問。從神學角度來說，這涉及所有宗教體系的基礎。禪宗當然也非常關心這個問題。但是前面引用的這則問答，禪師只是把問題複述了一次。表面上看來，我們實在很難說這是問答，因為沒有出現一般理智觀點裡的答案。但是提問的長水卻因此開悟。

這是怎麼回事？

若要讓抱持相對思維的多數人完全明白，恐怕得寫一本厚厚的書才行。在此我只想提出以下幾個類似的問題，看看會有怎樣的答案：神為什麼想要創造世界呢？祂怎麼想到要說出「要有光」這樣的話？人類想破頭也想不出答案。唯有神才能了解神的意志或思想。再說，我們為什麼想問神有何意圖——若創造背後有所謂的意圖——我們提出這個問題，是否也是神的意志？難道不是神叫我們詢問祂的意圖或意志嗎？若是如此，能回答這個問題的必定是神自己。我們好像以為這個問題是我們自發想問的，並非來自造物者，我們是不是搞錯了？答案和問題來自同一個根源。因此，只要理解問題的根源，就算我們沒有意識到問答同源的事實，答案也早已在我們手中。

提問者在詢問自己的同時也回答了自己，因為提問無異於回答。神創造了一個世界來回答自己的問題。長水看見問題像回聲一樣被丟回來時，突然明白了自己的問題。反問就是答案。如果沒有反問，就不會有答案。敲門的回答是門被打開。事實上，敲門就是開門。甲君呼喚乙君，乙君回應呼喚。呼喚就是回應。明白這個道理，就明白了禪。

因此，問答意味著相互性，或互相回應。「清淨本然」只要保持清淨，也就是保持本來面目、不提出任何質疑，那麼它就不會有分別，也因此沒有回答、沒有相互性、沒有「參與」。當任何疑問出現時，它都會看見自身反映為「萬物」，反映為「山河大地」。所以沒有進與出的分別。「清淨本然」就是「山河大地」。清淨發出呼喊，然後聽見回聲；高山隆起，河水流淌，大地移動。神在「萬物」這面鏡子裡看見自己。提出疑問就是把鏡子舉起來。

洞山良价去找著山慧超[2]，慧超說：「你已經得到印可，還來這裡做什麼？」

良山：「我仍有想不通的疑問，特地來見和尚。」

於是慧超叫他的名字：「良价！」。洞山回應：「是。」

慧超：「是什麼？」

2　《傳燈錄》第九卷。

洞山沒有回答。

慧超：「好個佛，只是無光焰。」

慧超面前站著一個有光焰（光輪）或無光焰的佛。但我們最好記住一件事。一旦我們察覺到光焰的存在，光焰就會消失。不僅消失，它還有可能以某種方式傷害我們。光焰最亮的時候，是我們對它的存在一無所知的時候。但人類天生擁有各種意識功能，我們遲早會察覺到光焰的存在。不過，察覺到光焰之後，最好的作法是徹底忘掉它。牢牢記得它是一種執念，執念會帶來很大的傷害。讓我們用彷彿不記得它的方式記得它——也就是無意識地意識到它。

趙州從諗[3]是唐代的偉大禪師，他曾這樣告誡弟子：「有佛處不得住，無佛處急走過。」他顯然是佛，為什麼對佛如此反感？還有一次他說：「念佛一聲，漱口三日。」「佛」這個字這麼汙穢、這麼有傳染力嗎？當你察覺到光焰時，就會發生這樣的事。老禪師看起來那麼兇，其實是因為他們很慈悲。

3 《五燈會元》第四卷。

大隨法真[4]跟著溈山修行時，在許多方面都很出類拔萃，包括修行、勤勉、日常行為等等。溈山禪師對他評價很高。有天溈山叫他過來，問他：「你已在這裡一段時間了，卻不曾問我任何問題，為什麼？」

大隨：「我應該往哪個方向提問？」

溈山：「何不問如何是佛？」

大隨立刻伸手要掩住溈山的嘴。

禪修者會說，溈山有點太像「老太婆一樣心軟」。大隨一副已有領悟的姿態，為什麼溈山不用力敲他一棒？但他也同樣可以在溈山叫他提問之前，用力敲溈山一棒。

有僧人問：「我的心是什麼？」禪師答：「問的人是誰？」當你說出一個字，「它」就已經不在。但若是一個字都不說，要怎麼達到開悟呢？提問確實很重要，但別忘了提問其實是在你原本的頭上面再放一顆頭。如果神沒有創造這個充滿愛恨悲歡的世界，祂就不會是神——如果我是基督徒，有人問我神為什麼創造了世界，我會如此回

4　同上。

答。問這種問題的人是笨蛋。一日開始問這些問題，就會終其一生到處參問禪師：心是什麼？性是什麼？神是什麼？佛是什麼？

以下是龍濟紹修[5]禪師與一位僧人之間的問答。

僧人：「什麼是我的底心？」

禪師：「你問過荷玉嗎？」

僧人：「我不懂。」

禪師：「不懂的話，夏末去問曹山。」

接下來我要介紹另一種問答形式，問題同時處理肯定與否定。這是一種禪宗的辯證法。不過這種辨證裡沒有常見於西方哲學論述的痕跡。你知道，禪宗不是邏輯，也無法用形上學參透。正因如此，問答才會成為禪宗的特色。

5 《傳燈錄》第二十四卷。

有行者領著一群僧人來見大隨，大隨問道：「已參透禪的人喚東方作什麼？」

行者：「不可喚作東。」

大隨吼道：「臭驢漢！不喚作東，喚作什麼？」行者無語。[6]

行者說「不可喚作東」，這答案沒有錯。大隨因為這個答案而發怒，罵他是「臭驢漢」，大隨也沒有錯。東不喚作東，還可以叫什麼？對凡夫俗子來說，東是東，西是西。這是自人類文明誕生以來的共識。如果東不再是東，西不再是西，世界肯定陷入混亂，無論是倫敦或任何地方，走路和開車都變得不安全。或許連日常生活都會有危險，因為太陽不再是東升西降。夜晚將是白晝，白晝將是夜晚。我手中的筆會滑脫，變成你手中的筆。我偷走你的財產，或是你失去你的身分——這一點也不誇張。當東不是東，我們的空間座標系統將失去作用，時間的定位也會失效。若我們連一根手指都動不了，我們會連一分鐘也活不了，同理，我們也永遠死不了。因為「死亡」這種東西並不存在。這則平凡無奇的問答裡，竟然蘊藏如此驚天動地的邏輯推演，討論了生與死的問

6 《傳燈錄》第十一卷。

題，是不是很神奇？

現在我們可以完全明白，最微不足道的一句話底下，藏著最出乎意料的思想。禪宗問答不能被蔑視為毫無意義的對話。禪師的每個字、每個動作，都值得我們細細思量。

容我再多說幾句，或許能把我想表達的意思說得更清楚。

當神格（Godhead）自我肯定時，神格就成了神（God），也就是對自己的否定。為了成為自己，神格不再是神格。肯定裡永遠暗藏著否定，否定裡暗藏著肯定；兩者密不可分。有肯定，就有否定，反之亦然。「A」想成為「A」時，「A」會成為「非A」。只有否定自己，才能實現願望。神格不得不成為造物者。不過一旦祂成為造物者，祂就不再是自己；祂既是造物者，也是受造物。

禪師拿出一串念珠，問弟子：「若喚作念珠則觸，不喚作念珠則背。不觸不背，喚作什麼？」

「觸」是肯定，「背」是否定。禪師要我們說的那「一句」，既是初始也是無始之始，因此它不會在世界終結的時候消失，因為世界並未真正終結。這「一句」超越是與非、東與西、念珠與非念珠，也超越「觸」與「背」。大隨在僧人說「不可喚作東」時罵他是「臭驢漢」，這是因為僧人尚未領悟什麼是超越肯定與否定的，他距離領悟「一句」還很遙遠。

接下來你肯定會問，這「一句」到底是什麼？明白它，就明白存在與創造的所有祕密。試試理解下面這則問答。

虔州處微問仰山：「你叫什麼名字？」

仰山：「慧寂。」

處微：「什麼是『慧』，什麼是『寂』？」

仰山：「就在眼前。」

處微：「猶有前後（相對關係）。」

仰山：「前後（相對關係）暫放一旁。和尚，你看見什麼？」

處微：「喫茶去。」

為了讓尚未進入禪門的人覺得這則問答頗為合理（若可能的話），我必須再多做些說明。禪寺有新人加入時，按照慣例，禪師會問這樣的問題：

一、「你從哪裡來？」二、「你要去哪裡？」三、「你叫什麼名字？」

頭兩個問題關乎我們的存在從何而來、去往何處，第三個問題與存在本身有關。禪師的「從哪裡來」不一定是三維空間關係。「去哪裡」也一樣，指的不是僧人出行的目的地。但與此同時，我們也別忘了禪宗厭惡我們處理抽象觀念的習慣。

在這則問答中，處微問了對方的名字，對方回答後，他把名字拆解成兩個字。慧的意思是「超越的智慧」，相當於梵語裡的般若；寂的意思是「平和」或「寧靜」。因此，慧寂意味著「超越智慧的平和」，或是「清淨本然的寧靜」，這是個很適合禪僧的名字。禪師沒必要追問「慧」和「寂」的意思，他非常清楚這兩個字的字面意義。因此當他再次提問時，他心中自然另有用意。他想看看仰山對於禪宗有怎樣的領悟。仰山並非初入禪門的僧人，他當然不會試著解釋「慧」和「寂」的意思。他非常清楚處微真正的打算。所以他說：「就在你眼前。」

「超越的智慧」或「清淨本然」不是能用語言解釋的東西；不是含有肯定或否定的觀念。在相對與個人主義的層面上叫做「慧寂」的人，此刻站在用自相世界的語言來說叫做「處微」的人面前。不過，這是用英語解釋的說法。漢語原文裡沒有提到特定的客體和主體。若直譯成英文的話，這句話是「Only-is-eye's before」（只在目前）。但這個英語句子沒有意義，因為看不出是誰的眼前，也看不出誰在誰前面。這些關係都要交代清楚。漢語和日語會省略代名詞或代名詞所代表的客體，經常模糊語意。不過在這則問答裡，模糊的是關於處微和仰山到底處於怎樣的情境的描述。「清淨本然」雖然存在，卻沒有明確的空間定位與時間定位。它在某人的眼前，意思是任何人與每個人的眼前——也就是觀察的眼睛無處不在。「就在眼前」是對現況的明確表達，亦即處微與仰山問答當下的情況。

可是，一旦語言以某種形式介入，時間、空間與因果順序等問題也將隨之浮現。因此處微追問前後的關係。仰山快速理解處微的觀點，他立刻反問：「和尚，你看見什麼？」像這樣反問是禪宗的特色。仰山沒有直接回答，他想知道處微在他的前後看見了什麼。這一問相當微妙。因為只要看見了，就會有「誰看見」以及「看見什麼」的問題，也因此會有前與後的問題。

問答來到這個關口，必定會出現一個轉折點，為這場對話畫下句點。若智性浮現，禪宗就變成哲學了。處微避開這個大坑，實屬自然。他用一種雖然戲劇化卻很適當的方式結束問答：「喫茶去。」

只要我們停留在相對性或智性的層面就會碰到各種分歧，也不得不進行激烈爭論。這是無法避免的。禪宗看透這一點，並希望我們回歸生活本身，不再爭吵、爭論。但這層連結裡，有一件最重要的事我們必不可忘。禪宗要求的不僅是不牽涉邏輯難題的生活。禪宗要我們一邊生活、一邊擁有某種覺察的體驗，因為是這份覺察使人類在本質上有別於其他生物。人類彼此之間無論有多少顯著差異，都會在這裡找到最終的安息之所，它也是我們原初的故鄉，我們從此處來，也渴望回歸此處。我們都可以在這裡開心「喫茶」，沒有「前後」，「何處來、去何處」，沒有「我、你」。

我也想順便提醒讀者，在共同的究竟實相裡一起靜坐喫茶絕對不會阻撓我們彼此之間擁有無限區別，也不會阻撓我們可能陷入無止境的爭論。

有個著名的故事與處微回應的「喫茶去」有關，讀者說不定會覺得這個故事很有趣，我來說一下。趙州從諗[7]是唐代中期的偉大禪師。某天，有個僧人來到他的禪寺。他問對方：「你以前來過嗎？」僧人說：「沒有，我是第一次來這裡。」趙州說：「喫茶去。」後來又有另一位僧人來找趙州。趙州問：「你以前來過嗎？」僧人說：「是的，和尚。」趙州說：「喫茶去。」

院主（禪寺的管理者）跑去問趙州：「兩個僧人答案不同，但你都叫他們喫茶去，

7 《五燈會元》第四卷。

為什麼？一個說沒來過，你說喫茶去；一個說來過，你也說喫茶去。我不明白，和尚。」

院主問完後，趙州大聲說：「哦，院主！」院主回應：「是，和尚。」趙州立刻說：「喫茶去。」

無論對方用怎樣的態度對待禪師，他一律回答「喫茶去」。肯定或否定，是或非，是鏟或不是鏟，這些都是言語上的區別。只要我們停留在言語表達的層面上，對話就是必須的。可是一旦離開這個層面，禪師僅能依賴問答來表達自身的體驗。最後，我想引述幾則大同禪師的問答來結束本章。

問：「我聽說一法普潤一切群生。一法是什麼？」

答：「雨下也。」

「潤」暗指《法華經》裡的一則故事，佛解釋雨如何無差別滋潤所有植物，使它們各自依照本性生長，松樹長成松樹，菊花長成菊花。所以禪師才會說「雨下也」。

問：「有人說一塵含法界，如何解釋？」

答：「一塵早是無數塵。」

問：「金鎖未開時如何？」

答：「開也。」

第七章

禪佛教的自然觀（一九五三）

我想在本章開頭先把「自然」的意思定義清楚，因為這個詞用於多種情境，意義模糊不清。先說說幾個西方世界與自然有關的概念。

首先，自然與神勢成對立；自然在一端，神在另一端。自然的運作牴觸神性，在這個概念下，自然通常指的是「受造物」或「大地」。神創造了世界，但世界莫名其妙反抗神，於是神也與自己創造的世界對抗。

形容詞「自然的」與「神聖的」一方面形成對比，一方面達成一致。當「自然性」（naturalness）用來對比「人為性」（artificiality）的時候，自然會披上神性的色彩。童稚天真經常被比擬為神聖純潔。小孩的生命因為比較接近自然，所以比成年人聖潔。由此可見，神在自然裡並非徹底缺席。

拿自然與人類對比時，我們會強調自然的具體和物質層面，而不是道德或心靈的層面；拿自然與上帝對比時，強調的就是道德或心靈層面了。因此，人類眼中的自然有兩種面貌。因為「自然」，所以神聖；但物質的自然卻與人類的心靈或神性相牴觸，無論這裡的心靈或神性指的是什麼。當自然被視為人類感官察覺到的物質世界時，人類就想要征服自然。這種自然對人類來說是一種權力（power），只要有權力的概念，就有征服權力的概念。所以人類認為自然是必須征服的對象，自然能用來提升物質享受與舒適。自然為人類提供各種發展權力的機會，但與此同時，人類一直都有基於自私目的剝削和濫用自然的習慣。

1

我認為，自然──人類的二元論來自聖經的描述，造物者賦予人類主宰受造物的權柄。西方人經常把征服自然掛在嘴邊，基本上可歸因於這個聖經故事。發明飛行器，就說自己征服了天空；攻頂聖母峰，就大聲宣布自己征服了高山。這種征服的念頭源於自然與人類之間的權力關係，這種關係牽涉到一種互相對抗與互相毀滅的狀態。

這種權力關係也帶出理性議題。人類是理性的，自然是野蠻的，人類努力把自然變得順從於人類的想法或理性。理性的誕生，伴隨著從原始無意識裡生出的意識。人類因為有意識，所以可以反省自己的行為與周遭發生的事件。反省使人類有能力超越自然，進而掌控自然。

自然沒有紀律（discipline），因為自然是盲目運作的。人類才有紀律，紀律是人為產物，因此紀律可用來為善，也可以作惡。只要人類擁有紀律的能力，就可為了明確的目標訓練自己。

自然沒有目標，也正因為沒有目標，所以自然一方面被人類「征服」，一方面也征服人類。因為人類無論目標多麼明確，對何去何從終究感到茫然，僅有空洞的驕傲。

在這篇文章裡，讓我們把自然理解為與所謂的神性互相對立的東西；自然是非理性的，但順從於人類機械的、經濟的、實用的對待；自然非人類，不具有人類情感，也不含道德意義；儘管人類取得片面的短暫勝利，但自然終將制伏人類。簡言之，自然是殘酷的現實，在人類眼裡自然沒有客觀的歷史，是可以進行商業開發的資源，但最後卻把人類吞沒在沒有目標的未知裡。

具體而言，自然包含山川河流、樹木草原、岩石土壤、日月星辰、蟲魚鳥獸。自然建構了人類所知的客觀世界。

2

從這個角度看來，自然似乎有明確定義，但自然還有很多事想告訴我們。自然確實是一個永恆的問題，解開這個問題後，我們將了解自然，也將了解自己。自然的問題，就是人類生命的問題。

就人類的觀點而言，但凡不是人造的，都會被視為自然。但人類畢竟也是自然的一部分。首先，如同我們視為自然的萬事萬物，人類本身也是自然創造出來的，並非人造物。那麼，什麼是人造物呢？人類從裡到外都屬於自然。人造的每一樣東西都必須視為自然造物，而不是人造物。若神創造了世界，祂創造的人類亦是這世界的一部分。神不是分開創造人類與自然，使人類成為獨立於自然之外的掌控者，並且用「人造物」對抗「自然造物」。

根據聖經的描述，人類是依照神的形象創造出來的，自然受人類掌控。[1]這個觀念是人類悲劇的真實起源。我很想問問，這種掌控的思維是否正確。權力（亦即掌控）的

1　《創世紀》1:27-8。

想法一出現，各種鬥爭也隨之產生；鬥爭永遠是以自我為中心的，所以注定悲劇收場。

前面提過，自然包含所有「受造物」。認為人類掌控所有受造物，這種想法完全不合邏輯，也一定會露出破綻。但西方人無意識地接受這種想法，因此他們對自然抱持既定的道德態度。人類雖然是依照神的形象所創造，卻有自己的做事方法，與神的方法大相逕庭。正因如此，人類被逐出伊甸園。於是人類變成一半神、一半撒旦的孩子，行為經常違背神意，偶爾也違背自身的利益。自然無疑只能是神的造物，但自然也會違背神意。

人類對抗神，自然對抗神，人類與自然互相對抗。如此一來，肖似神的人類、神創造的自然與神自己——三者處於戰爭狀態。但是我們人類認為，神創造世界不是為了要讓世界反叛神，也不是為要讓世界內部爭鬥。

然而，從另一個角度來說，多元萬象的世界必有衝突。當世界脫離神的掌握，神就失去對它的控制，世界必然會以各種方式反叛抗爭。於是自然對抗神，人類對抗自然與神。

聖經把自然形容為「肉體」、「肉慾」、「罪惡的肉體」等等。這將自然與人類的戰爭引領到更具體、更感官的層面。人類的身體（神與自然的混合物）成為這兩股力量競爭最激烈的戰場。

綜上所述，我們可以把西方對待自然的態度歸納為：

一、自然對人類有敵意，會阻撓人類努力靠近神。「肉體」是自然誘惑人類的象徵，這些誘惑難以抗拒，所以人類才會說：「心靈固然願意，肉體卻是軟弱的。」[2]

二、自然與神彼此對抗，自然與人類亦彼此對抗。或者可以說，依照神的指令，人類努力不懈地想要執行我們對自然的掌控權力。

三、人類不可能秉持緩和、友善的精神去接觸自然。雙方都想毀滅對方。自然裡沒有能夠幫助人類提升心靈的東西。

四、自然是物質世界，物質世界本就是用來探索與利用的。

五、換個角度來說，物質世界是野蠻粗暴的事實，代表自為（pour-soi）與自在（en-soi）的對抗。理智對此無能為力，只能接受它的原貌，並盡量加以利用。

六、自然與人類的二元論暗喻雙方敵對，甚至完全無法和解，因此只會互相毀滅。

七、似乎沒有任何觀念明指或暗示人類參與自然，或是與自然融合。在西方人的心

2 《創世紀》26:41。

中，自然和人類是分開的。

3

人類仰賴自然獲得食物，也無法不受到自然影響。人類從事農業、狩獵、捕魚等活動，這些活動也對品格的塑造發揮影響，因為自然不可能僅是被動接受人類開採利用的物質。自然也是力量與能量；自然回應人類的呼喚。當人類友善對待自然並配合自然之道，自然也會配合人類，向人類敞露所有的祕密，甚至幫助人類了解自己。無論我們是農夫、獵人或木匠，都能在自然裡獲得想要的資源，並在自己工作的場域裡與之同化。在這層意義上，自然會重新塑造人類的品格。

把自然當成非理性且與人類「理性」相反的東西，這純粹是西方人的思想，有時候我們認為這種說法應該反過來才對。人類認為自然應當順從人類的意志才是非理性的，因為自然有自己的運作方式，不一定與人類的方式一樣，人類沒有權力強迫自然屈從。

自然確實沒有意識。蘆葦只是蘆葦，不是「會思考的」蘆葦。因為自然沒有意識，所以人類認為自然是野蠻粗暴的事實，不具備意志與智慧。自然只知道絕對的「必然」，人類不可以插手干預，只能順應這種「必然」。自然不偏不倚，也拒絕偏離這條必然之路。自然不會親切接納；人類必須靠自己融入自然。自然的「必然」是絕對的，人類只能接受。就此而言，自然裡亦包含神聖意志。

我想，這就是為什麼自然或自發的行為會令人感到可愛。社會禮教認為不莊重、不恰當或甚至不道德的事，若由小孩子來做非但能得到原諒，還會被視為天真無邪。想做就做的自發行為帶有神性，沒有受到人為習俗與矯揉造作的妨礙。不受人為束縛是一種直接又清新的感受，暗示存在著一種神聖的自由與創意。自然從不深思熟慮；做什麼都是隨心所欲，如果自然有心的話。所以，自然有神性。它的「非理性」超越人類的懷疑或曖昧不明，當人類向自然屈服，或者該說是接受自然，我們將超越自己。

這種接受或超越是人類的特權。我們慎重地、安靜地、全心全意地接受自然的「非理性」或「必然」。這麼做不是盲目而全面地服從必然。這是主動接受，是毫無抵抗的個人意願。沒有權力的鬥爭，沒有無可奈何，只有參與、融入，在某些情況下甚至還有融合。

4

有時候，西方人會把自然當成「早已存在」的東西，人類走進自然覺得很危險，因為這不是他該來的地方。他察覺到自然裡充滿各種無生命物質與野蠻粗暴的事實。他不知道自己為什麼來到這裡，也不知道會碰到什麼東西。但是他天生擁有意識，他認為未來掌握在自己手裡，也為自己的決定擔負全責。他孤單無助，因為險惡的自然隨時會將他一口吞進肚子裡。他嚇得瑟瑟發抖，不知所措。某些現代思想家認為，這是人類與自然邂逅時的姿態。這裡沒有神插手的空間，但人類與自然的二元對立依然存在，而且是一種更激烈的壓制關係。自然是野蠻粗暴的事實，與人類毫無共同之處。人類出於經濟目的利用自然，對自然沒有對待同類的情感，因此心中毫無感激之情，亦無惻隱之心。

自然浩瀚未知、難以親近，隨時準備粉碎人類想要掌控它的努力。除了全然空無，自然什麼也保證不了。人類在自然之上建立的任何東西，都注定以頹圮收場。正因如此，現代人經常受到恐懼、不安和焦慮侵擾。

不過，還有另一種思考自然與人類的角度。自然以未知的浩瀚之姿站在人類面前，而人類帶著並非源於自然的意識走向自然，所以親切友好的相處是不可能的，因為雙方無法溝通，是形同陌路的兩條平行線。但光是人類會與自然抗衡對峙，就足以證明雙方並非對彼此一無所知。也就是說，自然早已向人類透露關於自身的訊息，而人類也對自然有一定程度的認識。人類不完全算是與自然不相干的局外人，而是與自然互有關聯；說不定，人類就是源於自然。人類必然是局內人。

5

這正是適合禪佛教進入的空間，為自然與人類的關係提供見解。人類雖然與自然切割，卻仍是自然的一部分，因為這種切割恰好證明了人類對自然的依賴。因此我們可以說：自然用自身產出人類；人類無法脫離自然，人類的存在依然紮根於自然。因此雙方不可能互相敵對。恰恰相反，人類與自然之間必定一直存在著友好的理解。人類源於自然，是為了在自身裡觀見自然；也就是說，自然甦醒過來，是為了在人類身上觀見自己。

說人類源於自然並且透過自然觀見自己，或是自然透過人類觀見自己，這是一種客觀思維。我們也可以換個角度思考這個情況，從客觀變成主觀。對主觀進行探究，就是探究自然最根本的基礎。

轉變成主觀視角，意味著焦點從自然轉移到人類自身。我們不再客觀地將人類視為與自然對立，而是叫人類退回到自身內在，觀見存在的深處。於是探究自然成了人類本身的問題：人類是誰？或人類是什麼？

＊

有位禪師問僧人[3]：「不思善，不思惡，一絲念頭都不生的時候，讓我看看你的本來面目。」

僧人答：「我沒有面目可示人。」

這樣的問答始於唐代，也就是公元八世紀。若沒接觸過禪宗處理自然或人類問題的方式，會覺得這種問答很粗魯，很難用理性解釋。它完全跳脫思辨理解的範圍。

3　《傳燈錄》第八卷，〈南泉普願〉。

你或許會問：「『本來面目』是什麼意思？」「面目」與人類的問題和處境有什麼關聯？善惡與「一絲念頭都不生」，和人類又有什麼關係？在我們進入禪宗的世界之前，容我再做一些補充。

大致而言，禪宗拒絕使用抽象詞彙、沉溺於形上學的思索、連續的系列問答。禪宗的對話總是簡潔有力、切中要點。當言語淪為拐彎抹角的溝通方式時，禪師會乾脆大「喝！」一聲，而不是提供一般人印象中理性或好懂的答案。

同理，如果有人對禪師說他長得像狗，他不會情緒激動地反駁。他可能會「汪汪」叫幾聲，然後轉身走開！

至於拄杖的使用，有一位禪師因為很愛棒打弟子而聞名。德山禪師（公元七九〇至八六五年）曾說：「道得也三十棒，道不得也三十棒。」禪宗僧人沿著山路行腳、造訪禪寺時，通常都會帶一根長長的拄杖。禪宗的拄杖一直是表達力很強的溝通工具。因為禪宗盡量避免借助溝通媒介，尤其是一種叫做「語言」的智性與概念性工具。

前面這則問答一開始提到善惡。這裡說的不是道德評價，而是指出我們習慣二元思維。「善惡」可以是任何東西：黑白、是非、肯定與否定、造物者與受造物、天堂與地獄等等。不思善惡的意思是超越一切二元對立，進入「一絲念頭都不生」的絕對境界。

因此，這位禪師提出的問題與絕對有關，而不是道德或心理學的問題。

請一個人展示「本來面目」，在禪宗裡是什麼意思？如果我告訴你，它指的是內在最深處、自我本身或存在本身，你肯定會驚呼：「禪宗用的語言真是奇怪！」但這種奇怪不僅是禪宗特色，也是漢語特色。

每一個人都有「本來面目」。禪宗認為，「本來面目」不單指肉體的面目，而是肉體與形上學、物質與心靈、粗略與細微、具象與抽象的面目。禪師想看到僧人呈現這種「面目」。或許可以說，「本來面目」必須經過「不思善，不思惡」與「一絲念頭都不生」的洗禮。因為在心理學相對思維的層面上，我們呈現的面目並非禪師要求的「本來面目」。

但接下來又碰到一個難題。僧人回答：「我沒有面目可示人。」意思是：「很抱歉，師父，我的本來面目不太好看，不值得給您看。」僧人說的似乎是他自己的臉，什麼阿貓阿狗都能一眼看到。他的臉是「本來面目」嗎？如果是，禪宗似乎沒什麼了不起之處。那麼，為何要如此費事強調超越二元思維？禪師會如此回答：「這屬於純粹主體性的層面，也是個人意志的問題。」事實上，禪宗問答都是源於主體經驗。

再舉一個問答為例。

僧人：「父母還沒生我之前，我的鼻子〔面目或自我〕在哪裡？」

禪師：「父母以生了你之後，你在哪裡？」[4]

這位僧人說的是「鼻子」而不是「面目」，但是對禪宗來說，兩者的意思沒有差別。中國禪師愛用具體的東西。他們說石頭、花朵、白雲、飛鳥，而不是「存在」或「理智」或「真實」。

再舉一例。有位禪師與服侍他的僧人在走路的時候，碰巧看見鳥兒飛過。他問僧人：「那是什麼鳥？」僧人說：「已經飛走了。」禪師轉頭看向僧人，捏住對方的鼻子用力扭。僧人痛呼：「啊！啊！」禪師說：「明明還在！」顯然鼻子在此也是討論存在時的重要角色。沒有矯揉造作的抽象詞彙，只有平凡無奇的日常經驗。「本來面目」、疼痛的「鼻子」、「鳥兒」飛過，事實上，眼睛與耳朵等感官能察覺到的任何客體，到了禪師手裡都能變成含有形上學深意的主體。

稍微離題了。回到飛鳥之前的那則問答，僧人想知道在父母生他之前，或甚至在地

4　《傳燈錄》第八卷，〈南泉普願〉。

球或自然誕生之前，他的鼻子在哪裡。這完全呼應耶穌的一句話：「還沒有亞伯拉罕就有了我。」[5]「鼻子」就是耶穌，僧人想做的是會見亞伯拉罕出生之前就已存在的耶穌。西方人絕對不敢問這種問題。他們認為擅闖對基督徒或「敬畏上帝」之人來說的聖地，是對神大不敬的行為。他們也是採取二元思維，腦袋跳脫不出傳統與歷史。

禪師的回答同樣意義深遠。他無視時間順序，也就是生死和其他建構人類歷史的事件遵循的時序。他對時間的連續性毫不在意。僧人想知道自己來到這個感覺與智性的世界之前，「鼻子」在哪裡。而禪師的回答是點出僧人自己的實際存在，是他的「現在的自己」。從相對的角度來看，這個答案說了等於沒說；非但沒有回答僧人的「鼻子」在哪兒，還反問站在禪師面前的僧人在哪裡，這僧人很可能衣衫襤褸、滿臉鬍渣，鼻子也不太漂亮。

我想說明的重點是，時間尚未成為時間的地方，就是禪宗的起點；也就是永恆尚未為了成就主體與客體、人類與自然、神與世界等二元對立而自我否定的地方。我說的「純粹主體性」就住在此處。禪宗在這個地方，它希望我們也在這個地方。至於禪宗對

5　《約翰福音》8:58。

自然的想法，如同一位禪師所言：「我未參禪時，見山是山；後來自認已經證悟，見山不是山；而今參透了禪，見山還是山。」

當我不把山視為與我對立時，山與萬物融為一體，所以山不是山，山不再是自然的客體。當我把山視為與我對立、與我分離、對我並不友好，山也不是山。當山融入我的存在，而山也將我吸納的時候，山才真的是山。只要自然和我之間有所區別，而且在我面前呈現未知的浩瀚與野蠻粗暴的事實，我甚至不能用「不親切」或「有敵意」來形容自然。

換個角度來說，當自然被視為自然、視為自為（pour-soi），自然就成為我存在的一部分。它不再是陌生的、與我完全無關的東西。自然與我的內在互有彼此。不僅是互相參與，而是一種根本上的身分融合。因此山是山，水是水；它們就在我面前。我之所以能夠見山是山、見水是水，是因為我和山水的內在裡互有彼此，梵語叫 tat tvam asi。若不是這樣的身分融合，就不會有自為的自然。「本來面目」或「我的鼻子」必須從這個層面上去理解。

身分是一個空間詞彙，從時間上說，身分是永恆的。但光是永恆沒有任何意義。當我視自然為對立時就已出現了時間，於是永恆變成時間。時間的連續性只有在永恆的領域裡才有意義，也就是佛家所說的「空」（sunyata）。在「空」裡山是山，我見山是山，山見我是我；我見山，就是山見我。此時「空」變成「真如」（tathata）；真如是空，空是真如。

來到這個思考階段，純粹主體性就是純粹客體性，自在（en-soi）就是自為；人類與自然完全融合，神與自然完全融合，一與多完全融合。但這種融合靠的不是一方消滅另一方。山沒有消失，依然站在我面前。我沒有把山吸收掉，山也沒有將我消除。二元對立確實存在，這是真如，而真如本身是空。山是山，卻也不是山。我是我，你是你，但我是你，而你亦是我。身為萬象世界的自然並未被忽視，人類身為面對萬象的主體依然意識到自己。

6

禪宗避免論述或爭論，因為費盡唇舌最後將仍在原地打轉。禪宗並不輕視哲學以及任何使我們想要進行哲學思考的事，但禪宗的任務是要讓我們知道，哲學思考不能滿足人類追求究竟真理的強烈渴望。看看下面這則問答：

藥山（公元七五〇至八三四年）問雲巖（公元七八一至八四一年）：「聽說你會耍弄獅子，是嗎？」

雲巖：「是的。」

藥山：「你可以耍弄幾隻獅子？」

雲巖：「六隻。」

藥山：「耍弄獅子我也會。」

雲巖：「幾隻？」

藥山：「只有一隻。」

雲巖：「一即是六，六即是一。」[6]*

6《傳燈錄》第十四卷。

＊ 編按：本段引文原文為：「聞汝解弄師子是否。師曰是。曰弄得幾出。師曰。弄得六出。曰我亦弄得。師曰。和尚弄得幾出。曰我弄得一出。師曰。一即六六即一。」（《景德傳燈錄》卷十四，〔CBETA 2025.R1, T51, no. 2076, p. 315a1-4〕）此處「弄師子」應為「舞獅」義；「出」為「齣」之異體字，指一段獨立的劇目或節目為一出。因此此處應指能夠演出的舞獅劇目數量。然作者鈴木大拙英文原文為：「“I understand you know how to play with the lion. Am I correct?” Ungan: “Yes, you are right.” Yakusan: “How many lions can you play with?” Ungan: “Six.” Yakusan: “I also know how to play with the lion.” Ungan: “How many?” Yakusan: “Just one.” Ungan: “One is six and six is one.”」從歷史文化和語義來看，作者對引文的理解有待商榷，譯者則是依照作者英文原文如實翻譯。

後來雲巖去找溈山禪師（公元七七一至八五三年），溈山說：「聽說你在藥山那兒耍弄獅子，是嗎？」

雲巖：「是的。」

溈山：「你是經常耍弄獅子，還是偶爾會讓獅子休息？」

雲巖：「我想耍弄獅子時，就耍弄獅子，想讓牠休息時，就讓牠休息。」

溈山：「獅子休息時，牠在哪兒？」

雲巖：「休息就是休息！」[7*]

問答裡的獅子意指自然，耍弄獅子的人是自我或「主體」（subjectum），我有時也會稱自我為主體。自我透過五感來理解自然（佛教心理學認為是六感）。溈山說他能耍弄六隻獅子，意指我們理解自然的五感（或六感）。感官猶如窗戶，我們透過這些窗戶觀察自然。據我們所知，自然或許超越我們的觀察範圍，但我們僅有五感，自然裡五感

7　同上。

＊　編按：本段引文原文為：「師後到溈山。溈山問曰。承長老在藥山弄師子是否。師曰是。曰長弄耶還有置時。師曰。要弄即弄要置即置。曰置時師子在什麼處。師曰。置也置也。問」（《景德傳燈錄》卷十四〔CBETA 2025.R1, T51, no. 2076, p. 315a4-8〕）同樣此處應指舞獅。

察覺不到的部分，我們無從辨別。如果我們擁有的感官超過五個（或六個），應該就能在自然裡感知到更多東西，人生也會更加豐富。七扇窗戶肯定能使我們觀察到自然裡的更多部分。但佛教心理學認為，這僅是我們透過感官窗戶向外看的時候，輔以智性或末那識（mano-vijnana）所想出的可能性。以此為基礎，我們想像一個四維、多維或無限維度的世界。如同數學家處理各式各樣的數字，虛數、負數、複數等等，這些數字的存在都無法透過感官證明。實體世界是有限的世界。在我們的想像裡，空間可以無限延伸，但專家告訴我們空間是有限的，是可以用數學算出答案的。

禪宗關心的是耍弄「六隻獅子」的自我，或是從「六扇窗戶」向外看的自我——亦即主體，或我所說的純粹主體性。這是禪宗感興趣的事，也是禪宗希望我們有所了解的事。但禪宗指導的方式非常獨特，它不使用人類—自然或主體—客體的二元思維。禪宗直接把我們帶往非二元思維的國度，萬事萬物的無始之始。時間尚未喚起意識。禪宗是這種意識即將醒來的地方。或許更貼切的說法是，意識從無意識裡醒來的瞬間。這一瞬間是絕對的當下，是時間與永恆、意識與無意識的交會點。這個交會的瞬間，也就是一念剎那（ekacittakshana），是無法用語言文字表達的無心或無念的瞬間。這是關乎個人決心的事。

雲巖正在掃地，溈山問：「你太忙了吧？」

雲巖：「有人完全不忙。」

溈山：「你的意思是說有第二個月亮？」

雲巖豎起掃帚，說：「這是第幾個月亮？」

溈山點頭後離去。

玄沙（公元八三四至九〇八年）聽說這件事之後，說：「這正是第二個月亮！」8

「第二個月亮」指的是用二元思維看待自我。一個人忙著工作，另一個人不工作且靜靜觀察眼前的事。這種思維不屬於禪宗。禪宗不區分工作者與觀察者、動作與動作者、見者與被見者、主體與客體。以雲巖為例，掃地、掃地的人和掃帚同為一體，甚至連他正在掃的地板也是。沒有第二個、第三個月亮，連第一個月亮也沒有。這無法用語言解釋清楚。但懂得溝通正是人類的特徵。因此，雲巖豎起了掃帚。禪宗的語言特色獨具。

8 《傳燈錄》第十四卷。

再舉一例：雲巖正在煎茶，道吾（公元七七九至八三五年）問他：「煎茶給誰？」

雲巖：「有一人要。」

道吾：「何不叫他自己煎？」

雲巖：「幸好我就在這兒。」[9]

這裡的「我」是想喝茶的人，也是煎茶的人；「我」是奉茶的人，也是接受奉茶的人。

雲巖問一位比丘尼：「你的父親仍安在嗎？」

比丘尼：「是的。」

雲巖：「他幾歲？」

比丘尼：「八十歲。」

雲巖：「你有個不是八十歲的父親，你知道嗎？」

9 同上。

比丘尼：「不就是來者嗎？」

雲巖：「他仍是〔他的〕孩子。」[10]

「自我」一經分析，就蒸發成抽象之物，不留一絲痕跡。禪宗明白這一點，所以雲巖才會豎起掃帚，這是一種鏗鏘有力的表達。若訴諸於語言（這很常見），從「父親」或「我」等詞彙的使用，亦能看出禪宗使用語言的思維。

7

有些人以為，純粹主體性不可能發生於「一念未起」之時。禪師認為這種想法「很蠢」或「無用」。純粹主體性也不是純粹永恆，因為它在時間裡運作，它就是時間。人類並非以有敵意的陌生人之姿面對自然，而是徹底融入自然、源於自然、進入自然，卻也同時意識到自己是以獨特的方式與自然有所區別。但這種區別並非概念性的，它能在

10　同上。

我所說的、存在於永恆時間和絕對當下的般若直觀裡得到如實領會。

有人問投子山大同禪師（公元八一九至九一四年）：「誰是毘盧遮那佛[11]？」

大同答道：「他已有名字。」

「誰是毘盧遮那佛的老師？」

「在毘盧遮那佛尚未存在之前領會（會取）。」

至高無上的存在，應是在時間出現之前去理解或領會。神格（Godhead）一直存在，甚至在他成為神（God）和創造世界之前。神格是人類與自然都尚未存在之前的「一」。「毘盧遮那的老師」就是神格。當他有了「名字」，他就不再是老師。毘盧遮那有了「名字」即是否定自己。神格因為成為神（造物者）而否定自己，因為他有了「名字」。太初「有道」，但無始之始有神格，他沒有名字，也無一言可道。

禪宗稱其為「無心之心」、「無意識的意識」、「本覺」、「清淨本然」，以及禪宗經

11　《傳燈錄》第十五卷。或許可視為等同於基督教的神，但並非造物者。

常使用的「這個」。一旦賦予了名字，神格就不再是神格，人類與自然乍現，我們陷入抽象的、概念性的語言迷宮裡。如同前面提過的，禪宗對此敬而遠之。有些人說禪宗充滿暗示，而且這種哲學是不夠的，我們必須深入分析、思辨與論述。其實禪宗從不暗示；禪宗直指「這個」，或直接把「這個」放在你眼前，讓你用自己的眼睛看一看。你必須建立自己的哲學系統來滿足自己的智性需求，禪宗不會因為這樣就鄙視智性的作用。

事實上，禪宗說不立文字卻經常使用文字。考慮到禪宗既屬於人類也不屬於人類，它會這樣也不奇怪。以下面這則問答為例，看看禪宗如何使用語言，以及如何溝通不可溝通的事。

一位僧人問禪師：「聽說萬里無雲的天不是本來天。什麼才是本來天呢？」

禪師：「今天很適合曬麥子。」[12]

---

12 《傳燈錄》第十五卷，〈道吾圓智〉。

從相對的觀點來看，禪師沒有回答問題。碰到這種問題時，我們通常會試著定義「本來天」是什麼。禪師提到麥子，是因為他們住在田旁邊，他們的生計仰賴麥子。這裡的麥子替換成稻米或稻草也可以。若當時禪師想要散散步，他可能會說：「我們出去晃晃吧。最近老是關在家裡讀書。」

還有一次，這位禪師比較有教學的心情，改用以下的教法。

大弟子石霜（公元八七〇至八八八年）問道：「師父百年之後，如果有人問我真實最深刻的奧祕，我該怎麼回答？」

道吾禪師呼喚服侍他的沙彌，沙彌應諾，他叫沙彌幫淨瓶加水。良久之後，禪師才問石霜：「你剛才問我什麼？」石霜複述剛才的問題。但禪師顯然完全沒聽，起身離去。

這難道不是用一種最奇特的方式處理生命最基本的問題嗎？石霜問得認真，但禪師的態度彷彿他對問題與提問者都漫不經心。尋常思維看來，道吾的行為猶如謎團，指導的方式也很古怪。我們該怎麼理解道吾和他的禪宗思想？

禪師經常用這種「呼應」的方式幫助我們悟禪。開悟本身雖是單純的心理事件，但意義深遠，直達人類和宇宙意識的基本結構。透過開悟，人類深入理解主體與客體、人類與自然、神與人類等二元思維背後的現實架構。時間上，我們回到沒有意識、沒有心、沒有智性的地方；因此，這是永恆的瞬間，是在神格懷裡一念未生的剎那。開悟發生於此時此刻，溝通第一次出現可能性——從生物學來說，這是意識演化的一次美好事件，自然甦醒後變成人類，也就是禪宗所說的「本來面目」、「鼻子」或「本來人」。事實上，「人」還有各種具體的名稱。但這並非象徵主義。

道生是偉大的中國佛教思想家（寂於公元四三四年），據說他發現自己的直觀不為當代人所接受，就跑到沙漠裡對石頭說法。《大般涅槃經》的完整內容傳入中國之前，研究佛學的人不相信萬物無論是否有情無情、有意識無意識，都擁有佛性。但是道生堅信所有的存在，包括人類與非人類，都擁有佛性。等到完整的《涅槃經》譯成漢語之後，他們才知道原來這真是佛陀所言。當時道生被視為異端、逐出佛教界。但是道生堅信自己的直觀，據說他曾在野外向一堆石頭說法，竟然說到連頑石也點頭稱是。

頑石點頭的故事發生於六朝時代（公元三一七至五八九年），以下這則問答裡提到的石頭說的正是這個典故。

雲巖曾問一位僧人：「剛去了哪兒？」

僧人：「在石上說話。」

雲巖：「石頭點頭了嗎？」

僧人沒有回答。禪師說：「你還沒開口，石頭已然點頭。」

道生說法，頑石點頭，是因為同意他說萬物皆有佛性。而在前面這則問答裡，雲巖的意思是道生尚未滔滔說法，頑石早已點頭。自然早已是人類，否則人類就不可能源於自然。是我們自己沒有意識到這個事實。

8

稗樹慧省是藥山惟儼的弟子，有一位僧人問他：「如何是佛？」

慧省：「貓兒上露柱。」

僧人承認自己聽不懂。

慧省：「去問露柱。」[13]

以前沒看過此類問答的人，一定覺得禪師八成是瘋了。首先，佛與貓、露柱、貓爬露柱有什麼關聯？露柱要如何向僧人說明這些奇怪的比喻？

無論我們常用的邏輯怎麼用力推理，都沒辦法理解這則問答。搞懂這件事可能超出人類的能力，不然就是禪師行走的這條路非比尋常。毫無疑問的是，有一個僅有禪師能到達的超越的領域，自然必定把這個領域藏了起來，不讓感官與智性的世界發現。

從展禪師[14]看見一位僧人走過來，他拿起拄杖先打露柱，再打僧人的頭。僧人驚呼：「好痛！」。禪師說：「那個為什麼不痛？」

僧人無言以對。

這則問答也提到露柱。露柱是自然界的東西。只要自然與人類相互對立，那它就既

13 《傳燈錄》第十四卷。
14 《傳燈錄》第十九卷。

沒有智慧也不展露絲毫友善跡象。但是，讓人類看見或聽見自然，自然立刻變成人類的一部分，而且會在自身存在的每個角落裡感受到人類。當人類向它提問時，它肯定會點點頭。正因如此，據說有位禪師聽見僧人在禪堂前敲打木板，他便立刻大叫：「好痛！」

因此，禪師常碰到的一個問題是：「你的『境涯』如何？」這個詞指涉自然，提問的目的是了解自然對禪師有何影響，更精確地說，是禪師的內在如何回應自然。但這樣仍無法準確解釋「境涯」一詞的意思。在此討論一下「境涯」不算離題，因為若想要了解禪宗與自然的相對關係，「境涯」舉足輕重。

我想英文裡沒有可以完全對應「境涯」的詞彙。「境涯」源自梵語的gocara或vishaya或gati，這三個字的意思大同小異，意指任何行動都可能發生的「範圍」或「場域」。gocara特別重要，它的意思是牛吃草漫步的「草地」。如同牛有吃草的場域，人類的內在生活也有一個場域或範圍。智者有自己的世界觀，亦即他如何看待全世界，這個世界觀也會進入他的「境涯」。「境涯」是他的意識形態、架構或調性，他所有的反應皆源於此，接收到的外在刺激也全部在此吸收。通常我們會想像人類住在同一個客觀世界裡，行為如出一轍。事實上，每個人的「境涯」都不一樣。因為我們都住在自己的內在聖殿，也就是自己的主體性，這是無法跟任何人共用的。這專屬於個人的內在意識結構或架構就是「境涯」，它是獨一無二的。當僧人詢問禪師的「境涯」時，他問的是禪師的內在生活，「心靈」環境。這相當於是在詢問禪師的禪宗領悟。當然，這種禪宗領悟就是禪宗對自然的回應，包含自然在禪宗裡扮演的角色。

從前面列舉的幾則問答裡，可以看出禪師已與自然完全融合。對他們來說，自在（en-soi）與自為（pour-soi）之間別無二致，他們不主動嘗試與自然融合，也不刻意要自然參與他們的生命。禪師只是在時間尚未切入永恆的時候表達自己。不過，更貼切的說法是禪師就站在交會點或切入點上，所以他們才能成為溝通工具，讓自然可以意識到它自己。純粹的存在從絕對融合的寶座上走下來，一分為二，然後自己對自己說話。這是禪宗所謂的禪師「境涯」，這是禪師的「意識架構」或內在生活，也是他的禪行之道。

讓我再舉幾個例子，看看禪師如何將自然描述為與自身對立的關係。以下都是禪師回答僧人提問時提供的答案[15]：

15　均摘自《傳燈錄》。

一、秋夜滿月照萬家。

二、山河無隔礙，光明處處透。

三、山高豈礙白雲飛，簾外細雨無聲落。

四、翠竹風中搖曳，寒松月下顫慄。

五、僧人問沙漠裡能否誕生佛法，禪師說：「石頭有大有小。」

六、僧人欲知禪宗思想，禪師帶他走進竹林，說：「竹子有的歪，有的直。」

七、禪師想告訴僧人什麼是佛心，他說：「白牛露地臥清谿。」

八、一位儒者拜訪禪師，問：「什麼是禪法大意？」禪師說：「論語說：『吾無隱乎爾。』禪法對你亦無隱藏。」

儒者：「我不明白。」

後來他們一起上山散步，正逢巖桂綻放。禪師說：「你有聞到木犀（巖桂的別名）花香嗎？」儒者答：「有。」禪師說：「吾無隱乎爾。」

九、僧人急於學法，參問禪師：「我剛入禪門，請師父大發慈悲，指點法門。」禪師說：「你有沒有聽見山澗的聲音？」僧人說：「有。」禪師說：「由此入。」

十、僧人問什麼是佛法大意，禪師說：「水從山上出，溪澗豈能留。」接著他又說：

「山花似錦，文殊撞進你的眼睛。
幽鳥綿蠻，觀音塞卻耳際。
諸仁者！更思量個什麼？」

十一、一位禪師做詩如下，描述他與山中隱居的關係：

橋上山萬層，橋下水千里。
唯有白鷺鷥，見我常來此

9 《傳燈錄》收錄了禪宗問答、禪宗故事與說法的內容，本文引述的部分充分說明了禪宗與自然之間的關係，以及自然在禪宗架構裡扮演的角色。禪宗確實無法與自然切分，因為禪宗不知二元對立。始於純粹主體性的禪宗吸收了建構自然或客觀世界的所有成分。

德國哲學家卡爾・雅斯培（Karl Jaspers）將存在分為三個領域：此存（being-there）、自存（being-oneself）與本存（being-in-itself）。而且他主張，這三個領域「無論如何都不可能歸納融合」。英國哲學家布萊克漢（Blakcham）在著作《六位存在主義思想家》（Six Existentialist Thinkers）裡如此解釋雅斯培的思想：

察覺到這三種存在領域的人，或許可以同時參與三者。超越性包含了客體與主體世界，但是以經驗性存在（亦即此存）的客體為基礎的邏輯理解，在描述其他存在領域或是將這些存在領域融合為一個共同系統時，必然會扭曲原意。三者之間的分裂是無法克服的，唯有在個體的**生命**裡憑藉對超越性的**信念**才有可能協調一致。[16]

這位哲學家討論的角度是「系統」、「一致」、「協調」、「邏輯理解」等等。但是他一開始從「邏輯主義」切入，然後試著處理「生命」而不是反轉這個過程。「生命」本身是沒有協調一致、沒有系統化、沒有理解的；我們只是活著，這樣就很好了。「在

16　粗體為本書作者添加。

超越裡喚醒哲學信念」也是沒必要的，因為這是所謂的邏輯理解強加於生命之上的。生命本身也沒有區分什麼「三個存在領域」。這都是在原有的頭上面堆疊更多頭，無視原有的頭就這樣隨著哲學推理愈埋愈深，直到不見蹤影。

雪峰義存（公元八二二至九〇八年）曾在上堂時告訴僧眾：「你們就像坐在大海裡，水都浸到頭了，卻還伸手大聲討水。」這確實是自稱理性與思考的人類在做的事。

但人類的生命不同於其他生物的生命。我們不想活得如同動物；我們想知道生命的價值，並且有意識地體會生命。而就在這一刻我們否定了自己，因為我們背離了生命本身。這也是我們進行哲學思考、變成「思想者」的原因。但我們不可能靠思考回歸生命，也不可能靠「哲學信念」或「神的開示」來到「超越」的面前和靜默裡。不過，禪宗不喜歡抽象散發的氣味，「超越」之類的詞彙就散發這種氣味。因為一旦訴諸語言，我們就脫離了生命本身，陷入各種「邏輯」爭議。我們自設陷阱，再掙扎著想要逃脫，但只要我們是我們，就不可能逃離這種進退兩難的困局。唯有獲得般若直觀，才有辦法逃離近乎無望的智性困境。

與此同時，我們每個人都有設法逃離這種困局的內在渴望。哲學的方法是訴諸理性（雖然對「理性」的詮釋因人而異），有宗教信仰的人則是訴諸「信念」或「啟示」。禪宗的解脫方法——或者說是「答案」會更加貼切——是直接了解或領悟「它」或「這個」。

「這個」意指純粹主體性，也就是本存或絕對自我。也可以叫做「通往最高層次的單一道路」，或是「逃離的唯一路徑」。這種禪宗法門有很多名字，因為幾乎每位禪師都自己的用語。儘管無比複雜，但禪師依然努力表達我們能在生活裡找到那把鑰匙，用來解決智性引起的困難，以及平復隨著我們對相對世界的執念而生的焦慮。

我們可以從禪師談論言語的使用裡，窺見這個真理：

一、問：「凡有言句，盡是點汙。什麼是最高層次的真諦（向上事）？」

答：「凡有言句，盡是點汙。」

二、問：「自我存在的唯一之道（獨脫一路）[17]在何處？」

答：「何煩更問？」

三、問：「名言妙義，教有所詮。不涉三科，請師直言？」

答：「珍重。」[18]

17　「超脫」或「脫立」。

18　「好好照顧自己」。

四、問：「凡有言句，盡落陷阱。如何不落陷阱，請和尚指點。」

答：「放下所有衡量工具再來找我。」[19]

關於逃避主義（escapism），在此我想補充幾句。有些佛教作家在寫到解脫時，會帶上解脫與禪宗的關聯。

「解脫」、「釋放」、「脫離」或任何帶有遠離變動世界涵義的詞彙，都不足以表達如何以禪宗之道得到「救贖」。其實就連「救贖」都不夠貼切，因為禪宗認為我們沒什麼好救贖的。我們從一開始就已真切地得到「救贖」，但因為我們不知道這個事實，所以才會談論如何得到救贖、解救或釋放。因此說到「解脫」等觀念時，禪宗知道我們其實沒有陷阱或複雜困境需要逃離。這些陷阱或困境，都是我們自己創造出來的。我們尋找自己，看清事實之後，才知道原來我們一直都是原本的自己。

舉例來說，雅斯培創造了此存、自存、本存等三個領域；沙特創造出自在與自為兩種模式；西方文化創造出二元思維：神與受造物、神與自然、人類與自然。這些都是人

19 這四句問答摘自《傳燈錄》第十八卷。

類創造出來的，我們執著於這些東西，彷彿它們是絕對命定的，並且將我們緊緊束縛，我們注定無法解脫。我們囚禁了自己，擊敗了自己，相信失敗主義，但其實失敗主義也是我們創造出來的。我們很無知，佛教稱之為無明（avidya）。意識到這個事實後，我們才能明白自己是自由的「無事之人」。

因此，禪宗不打算要我們脫離世界，只當喧囂塵世的旁觀者。若神祕主義意味著逃避主義，那麼禪宗不是神祕主義。禪宗就在變動的大海裡，它不打算逃離洶湧波濤。它不與自然對立，不把自然當成必須征服的敵人，也不遠離自然。禪宗就是自然本身。

佛教經常被視為悲觀主義，鼓勵我們逃離生死的束縛。例如里斯．戴維茲博士（Rhys Davids）就認為，「佛教的終極目標是解開存在的結，找到解脫的方法」。[20]一直都有佛教學者與信眾以這個角度詮釋佛教，但這並不符合佛陀的精神。體驗過開悟的佛陀，宣稱自己是一切勝者、一切知者、一切見者。

20　引述A.S. Wadia的著作*The Message of Buddha*, p.170, London, J.M. Dent, 1938。

10

我們關於「純粹主體性」的討論終於來到關鍵之處。「純粹主體性」就是「純粹客體性」。我們的內在生活要在與自然融合為一後才算完整。畢竟，在禪師的「境涯」裡沒有什麼神奇或非凡的東西。和所有人一樣，禪師的「境涯」裡有桂花飄香，有春日裡鳥兒的盡情歌唱。差別在於禪師看見花朵的本來面目，不是夢幻般不切實際的花、不切實際的流水。純粹主體性不會如一般人想像的那樣將事實蒸發，而是把它邂逅的一切都鞏固為真實。不只如此，它還會賦予無情之物靈魂，使它們能夠與人類互動。整個宇宙（亦即自然）不再與人類「敵對」，就像之前人類以自私的眼光看待自然時那樣。自然不再是人類想要征服的目標，而是我們的源頭與歸處。

因此，禪宗思想裡沒有逃避主義，沒有神祕主義，沒有否定存在，沒有征服自然，沒有失望沮喪，沒有烏托邦主義，沒有自然主義。這是一個既存的世界（a world of the given）。緣起緣滅、不斷變化，但超越就存在於這些變化的場景內部。空是真如，真如是空。色（rupa）即是空（sunyata），空即是色。佛教稱自然為色界（rupaloka）。

宋代的芙容道楷[21]（寂於公元一一一八年）曾作詩形容空與真如之間的關係：

一法[22]原無萬法空，箇中那許悟圓通。
將謂少林[23]消息斷，桃花依舊笑春風。

十一世紀的雪竇禪師在群樹環繞、溪水倒映山巒的地方沉思時，寫了以下這首偈言。[24]他在沉思？在作夢？這首偈言蘊含什麼哲理？

春山疊亂青，春水漾虛碧。
寥寥天地間，獨立望何極。

走筆至此，到了必須收尾的時刻。關於這個主題，我說得實在不夠完整。有許多東西沒有談到，其中包括必需性與自由。我們認為自然是野蠻粗暴的事實，受到絕對必需

21 《續傳燈錄》第十卷。
22 存在之物。
23 據說菩提達摩謁見梁武帝無果之後，曾在少林寺面壁九年。
24 摘自《碧巖錄》。

定律（laws of absolute necessity）的完全掌控。但禪宗說，自然的必需與人類的自由並非我們想像中的那樣大相逕庭，其實必需就是自由，自由就是必需。

禪宗處理自然的第二個重點是目的論。禪宗說太陽早晨升起、肚子餓了就要吃的時候，帶有任何目的嗎？若要完整討論這件事，需要比本文更多的時間與篇幅。

第三個重點是善與惡。禪宗對道德保持怎樣的態度？西方有神聖命令（divine commands）的觀念，這帶有恐懼與服從的涵義，禪宗與神聖命令的觀念之間是怎樣的關係？關於這一點，禪宗認為它位在善惡的彼岸，但這並不代表禪宗不關心倫理道德。

第四個重點是人類的墮落。也就是說，禪宗對魔鬼論（demonology）有何看法？自然裡沒有魔鬼，魔鬼是人類創造出來的。人類把各種魔鬼放進自然裡，並允許魔鬼對人類行一切惡事。這個主題很有意思，尤其是看見吹噓自己擁有理性的人類持續做出非理性的事情——也就是魔鬼的行為。

附　錄

世界禪者——鈴木大拙年表

鈴木大拙主要著作一覽表

世界禪者──鈴木大拙年表

一八七〇年（明治三年）

十月十八日出生於日本石川縣金澤市下本多町，被命名為：鈴木貞太郎。其父親為鈴木良準，母親名為鈴木增，夫妻育有四子一女，貞太郎排行最小。鈴木家是一個傳統的佛教家庭，父母信奉臨濟宗。世代行醫，祖先歷任加賀藩家「本多家」的侍醫。在當時，醫師家族屬於高級知識分子，其父曾在京都研究「蘭醫」（日本西醫因為由荷蘭傳入，因此稱西方醫學為蘭醫），是一位學兼內外的儒者，因此鈴木貞太郎從小耳濡目染，在中西方文學與人文素養方面皆奠定良好的基礎。

一八七六年（明治九年）

四月，進入金澤市本多町小學就學。十一月十六日，其父鈴木良準逝世，享年五十四歲。

一八七七年（明治十年）

六月二日，其兄利太郎過世，得年十一歲。

一八八二年（明治十五年）

本多町小學肄業，進入數田順私塾讀書，同年四月，考進石川縣專科學校附屬初等中學就讀。

一八八三年（明治十六年）

由於自幼家學淵源，在初中更培養了良好的英文能力與文學素養，當時與同儕藤岡作太郎、西田幾多郎號稱：「金澤三太郎」。

一八八五年（明治十八年）

鈴木貞太郎與藤岡作太郎、福島淳吉等人發行《明治餘滴》雜誌，擔任編輯工作，並且常以「任天居士」、「傑峰山人」等筆名發表論文與漢詩，充分展現其文學能力。

一八八七年（明治二十年）

石川縣專科學校附屬初等中學畢業，同年因學制改革，石川縣專科學校改為第四高等中學校，九月鈴木貞太郎被編入同校預科三年級。

一八八八年（明治二十一年）

九月，就讀第四高等中學校本科一年級，然因家境貧苦而輟學。任石川縣珠洲郡飯田小學高等科英語代課老師。

一八八九年（明治二十二年）

鈴木貞太郎取得了小學英文教師文憑，並於五月，被任命於石川縣石川郡美川小學高等科訓導職務。

一八九〇年（明治二十三年）

四月八日，其母鈴木增因肺炎不治而病逝，享年六十一歲。當時二十歲的貞太郎賃居於真言宗德證寺，對禪開始感到興趣，真正開始與淨土宗大谷派結緣，也曾隨富山縣國泰寺雪門禪師參禪。

一八九一年（明治二十四年）

因為二兄亨太郎的援助，辭去美川小學訓導職務，前往東京，順利進入東京專門學校（早稻田大學前身）修習英文，結識同鄉安宅彌吉。

七月隨同鄉前輩早川千吉郎的引領，初次進入鎌倉圓覺寺參謁今北洪川禪師，禪師至誠無偽的氣度，令鈴木貞太郎深受感動，因此立下「以禪者為己任」的心願，此後專心致力於禪的修行。

一八九二年（明治二十五年）

一月，今北洪川禪師圓寂，享年七十七歲。四月，嗣法弟子釋宗演繼任圓覺寺住持，續拜釋宗演為師繼續參禪，宗演禪師賜予「大拙」之名。

同年九月，因好友西田幾多郎的推薦，進入東京帝國大學哲學選科研讀（直至一八九四年結業）。自此三年來，一方面研究西方哲學思想，並廣泛涉獵相關禪與佛學的書籍；另一方面往來圓覺寺，過著僧侶般的生活，逐漸養成禪者的風範。

一八九三年（明治二十六年）

釋宗演禪師代表日本受邀出席在芝加哥舉行的萬國宗教會議，鈴木大拙任隨行翻譯。

一八九五年（明治二十八年）

鈴木大拙將保羅・卡魯斯（Paul Carus）的英文著作《佛陀的福音》（*The Gospel of Buddha*）譯成日文，於東京出版。

東京帝國大學文科大學輟學，專心參禪、坐禪，二十五歲的鈴木大拙於明治二十八年臘月攝心時，悟到「物我合一」的無差別境界，參透了初關「最初的公案」，這是參禪五年來的成果。

一八九六年（明治二十九年）

鈴木大拙因隨宗演禪師訪美經驗的啟發，撰寫並且出版生平第一本著作《新宗教論》。

一八九七年（明治三十年）

三月赴美，經釋宗演禪師推薦，鈴木大拙前往美國伊利諾州拉薩爾市的奧本考特（Open Court）出版社擔任編輯工作，並且協助保羅・卡魯斯有關東洋學的論說、批評與校正的工作，並將老子的《道德經》及其他道教經典譯成英文。直至西元一九〇八年，鈴木大拙在伊利諾州的拉薩爾市待了將近十一年的時間。

一九〇〇年（明治三十三年）

英譯《大乘起信論》的出版，引起學界注目。

一九〇五年（明治三十八年）

鎌倉圓覺寺譯宗演禪師再度訪美，隨同禪師巡迴美國演講擔任翻譯工作，向西方人士介紹東方的禪學思想。爾後編輯禪師的演講，隔年出版《一個佛教老禪師的講錄》（*The Sermons of a Buddhist Abbot*）。

一九〇六年（明治三十九年）

相識比特蕾絲．雷恩小姐。與保羅．卡魯斯共同英譯《太上感應篇》、《陰騭文》。同年日譯保羅．卡魯斯的《阿彌陀佛》（*Amitabha*）對真宗信仰有深入研究，因此晚年對於「妙好人」（指念佛行者）有崇高的信仰，在其後來著作《宗教經驗之事實》、《妙好人》與《妙好人淺原才市集》均論述到真宗信仰。

一九〇七年（明治四十年）

出版英文版《大乘佛教概論》（*Outlines of Mahayana Buddhism*），本書奠定了鈴木大拙佛教學者的地位，至今再版不斷。在緬因州舉行關於佛教的演講。在「一元論者」雜誌撰寫一系列有關中國古代歷史的論文。

一九〇八年（明治四十一年）

二月，在奧本考特出版社社長格勒的贊助支持下，前往歐洲遊歷英、法、德等國。七月，身為日本代表出席在倫敦舉行的斯維登堡大會創立百年紀念，後來接受英國斯維登堡協會之邀請，將艾曼紐．斯維登堡（Swedenborg, Emanuel，十八世紀瑞典的基督教神祕主義研究者，並且是一位科學家、哲學家與宗教思想家集於一身的大師級人物，諸多理論影響後世甚深。）的《天堂與地獄》（*Heaven and Hell*）翻譯成日文版，鈴木大拙花了兩個月的時間完成譯作。九月，在牛津召開的萬國宗教史學會上被選為東洋部副會長。

一九〇九年（明治四十二年）：三十九歲

四月，闊別多年首度返日。八月，好友藤岡作太郎、吉田好久郎的推薦，擔任學習院英文講師。十月，兼任東京帝國大學英文講師。

一九一〇年（明治四十三年）

四月，獲聘為學習院教授（直到一九二一年）。八月，由日本禪道會發行的《禪道》雜誌創刊，釋宗演禪師為該會會長，鈴木大拙擔任幹事並且為《禪道》雜誌擔任編輯工作。為了向日本介紹瑞典國寶級大師的神學思想，因此出版《天堂與地獄》，同年，英譯《真宗教義》一書。

一九一一年（明治四十四年）

撰寫有關淨土宗的教理論文「自力與他力」。十二月，不惑之年的鈴木大拙在橫濱與比特蕾絲．雷恩小姐結婚，夫人出身於美國外交官家庭，兩人在美國已認識多年。

一九一二年（明治四十五年、大正元年）

再次應斯維登堡協會邀請前往英國，其間日譯《神愛與神智》（*The Divine Love and the Divine Wisdom*）、《新耶路撒冷》（*The New Jerusalem*）、《神意論》（*The Divine Providence*），至八月返回日本。

一九一三年（大正二年）

出版《禪學大要》等書。

一九一四年（大正三年）

開始為英國出版的《新東方》雜誌撰寫一系列以禪學為主的論文連載。出版《禪的第一義》。

一九一五年（大正四年）

出版《上進的鐵鎚》一書。

一九一六年（大正五年）

擔任學習院的舍監，七月中旬帶領學習院學生前往中國、朝鮮為期一個月的旅行。八月隨釋宗演禪師赴日本東北地區旅行。九月決定辭去東京帝國大學的教職工作，專心致力於禪學典籍的著述，出版《關於宗教經驗》、《禪的研究》、《眾禪的觀點》。

一九一九年（大正八年）

十一月，釋宗演禪師圓寂，享年六十歲。

一九二一年（大正十年）

三月，辭退學習院教職，由佐佐木月樵、西田幾多郎的推薦之下，移居京都，擔任京都大谷大學教授（直至一九六〇年為止）。與佐佐木月樵一起從事真宗教義的英譯工作，亦發專研於佛教學問的研究。大拙的夫人也在大谷大學擔任預科教授，夫妻協力於同年五月，在大谷大學校內成立東方佛教徒協會，並且創辦英文佛教雜誌《東方佛教徒》（*The Eastern Buddhist*）季刊，夫妻共同編輯以發表佛教論文為主，此雜誌刊行持續二十年之久。

一九二四年（大正十三年）

六月，泰戈爾訪日，泰戈爾在京都各地的演講由鈴木大拙擔任翻譯。

一九二五年（大正十四年）

出版《百醜千拙》。

一九二六年（大正十五年、昭和元年）

三月，好友佐佐木月樵去世，得年五十一歲。六月，擔任大谷大學哲學科研究室主任，講授宗教學，其後又開「宗教心理學看禪與淨土教」的課程。

一九二七年（昭和二年）

出版以英文書寫的《禪學隨筆》（*Studies in Zen*）、《禪論文集第一卷》（*Essays in Zen Buddhism Vol.1*），此後陸續出版以英文本為主的禪學書籍。

一九二八年（昭和三年）

擔任靈智學會京都大乘支部負責人。

一九二九年（昭和四年）

六月，與夫人一起在鎌倉設立動物愛護慈悲園。

一九三〇年（昭和五年）

與泉芳璟共同進行梵文《楞伽經》的研究，同年出版《什麼是禪》，並以英文本發表《楞伽經研究》（*Studies in the Lankavatara Sutra*）。

一九三二年（昭和七年）

出版《神會錄》、《禪的精粹》、《六祖壇經》（興正寺版），以及英譯梵文《楞伽經》（*The Lankavatara Sutra*）。

一九三三年（昭和八年）

《楞伽經研究》一書所做的貢獻，使得鈴木大拙獲得大谷大學榮譽文學博士學位。十一月，在橫濱迎接胡適，雙方會晤多時，同年出版英文本《禪論集第二卷》、《楞伽經引用句索引》（*Index Verborum to the Lankavatara Sutra*）。

一九三四年（昭和九年）

前往中國、朝鮮等地進行佛教實地考察，並與中國名人、僧侶，如：魯迅、胡適、蔣夢麟（北大校長）、昌桂（峨嵋山寺住持）等數十位見面會談，並記述此行訪華的印象與感想，於八月完成《支那佛教印象記》於隔年出版，是年英文本《禪論集第三卷》、《禪僧的修行》（*The Training of the Zen Buddhist Monk*）、《楞伽經引用句索引增訂版》（*Index Verborum to the Lankavatara Sutra*）、《鈴木大拙禪學入門》（*An Introduction to Zen Buddhism*）出版。

一九三五年（昭和十年）

與泉芳璟一同校訂梵文本《華嚴經入法界品》（*The Gandavyuha Sutra*）。是年出版《悟道禪》、《禪堂的修行與生活》、《禪與日本人的性格》、《少室逸書》（菩提達摩撰述的文集）、《禪佛教手冊》（*Manual of Zen Buddhism*）。

一九三六年（昭和十一年）

以日本代表身份出席在倫敦召開的世界宗教大會（World Congress of Faiths）。會後，日本外務省委派為英日交換教授的身份，在劍橋、牛津等英國各大名校展開一系列《禪與日本文化》的講座，十一月，又轉往美國中部與東部的大學進行同一主題的演講，最後在洛杉磯的西本願寺說法，直至翌年一月才返回日本。

一九三七年（昭和十二年）

出版《禪與念佛心理學的基礎》、《宗教淺說》。

一九三八年（昭和十三年）

出版《禪與日本文化》的日譯（*Zen Buddhism and its Influence on Japanese Culture*），本書與《禪論文集》成為世界宗教史的不朽名著，並且出版了《日本佛教》（*Japanese Buddhism*）、《禪的各種問題》等書。

一九三九年（昭和十四年）

七月，夫人比特蕾絲去世，享年六十一歲。出版《無心》一書。此後以旅居美國的時間為多，但每年仍出版多本日文作品。

一九四〇年（昭和十五年）

四月，設立禪文化國際研究會。出版《禪堂的教育》、《盤珪的不生禪》、《六祖壇經》（大乘寺版）。

一九四一年（昭和十六年）

出版《禪問答與領悟》、《盤珪禪師語錄》、《一個真實的世界》、《佛教的核心》。

一九四二年（昭和十七年）

為大谷大學教學研究所所員。出版《東方的一》、《盤珪禪的研究》、《淨土系的思想論》、《碧巖錄》（*Hekigan Poku*）。

一九四三年（昭和十八年）

出版《禪的思想》、《盤珪禪師說法》、《文化與佛教》、《一個禪者的思索》、《宗教的經驗事實》、《禪思想史研究》、《拔隊禪師法語》。

一九四四年（昭和十九年）

三月，在安宅彌吉的資助下，圓覺寺塔頭東慶寺山上的松岡文庫所在的建築物落成。十月，任大谷大學教學研究所東亞教學部部長。出版《大燈百二十則》、《月菴和尚法語》、《日本的靈性》。

一九四五年（昭和二十年）

好友西田幾多郎逝世，享年七十五歲。十二月，申請的財團法人松岡文庫的設立獲得批准。出版《絕觀論》。

一九四六年（昭和二十一年）

鈴木大拙為報答恩師釋宗演禪師，決定在鎌倉東慶寺創設「松岡文庫」。松岡文庫主要致力於禪宗古籍的校訂與日譯，收藏與出版禪學的古今文獻，以及保存鈴木大拙畢生藏書等，藏書冊數超過五萬冊，成為日本首屈一指的文庫，松岡文庫內所藏的室町時代的古寫本，已經成為日本重要文化資產。

十二月，擔任大谷大學教學研究所顧問。出版《今北洪川》、《關於宗教的信件》、《關於宗教》、《日本靈性的自覺》、《建設靈性的日本》等書。

一九四七年（昭和二十二年）

出版《佛教簡論》、《神祕主義與禪》、《自主的思考》、《宗教與生活》、《佛教的本質》（*The Essence of Buddhism*）。

一九四八年（昭和二十三年）

出版《給青年》、《日本的靈性化》、《禪堂生活》、《宗教與文化》、《宗教與近代人》、《妙好人》（*Myokonin*）、《驢鞍橋》、《東方與西方》等書。

一九四九年（昭和二十四年）

一月，榮列日本學士院院士。六月前往夏威夷，出席夏威夷大學召開的第二屆東西方哲學家會議。九月至翌年二月，在夏威夷大學講學。十一月時，獲日本天皇授予文化勳章，集榮耀於一身，享譽國際。是年出版《真宗雜錄》（*A Miscellany on the Shin Teaching of Buddhism*）、《禪的無心之說》（*The Zen Doctrine of No-Mind*）、《以禪為生》（*Living by Zen*）、《佛教與基督教》、《臨濟的基本思想》（*The Fundamental Thought of Rinzai*）。

一九五〇年（昭和二十五年）

鈴木大拙於二月離開夏威夷，到加州的克里蒙特大學（Claremont College）講授日本文化與佛教，隨後接受洛克菲勒集團的委託，以八十歲的高齡在美國展開長達八年以上講授佛教哲學之途，鈴木大拙前往美國各大學講授「禪與華嚴」，足跡踏遍哈佛、耶魯、哥倫比亞、芝加哥、普林斯頓等大學院校，自此西方世界研究禪學的熱潮因而展開。

一九五一年（昭和二十六年）

在哥倫比亞大學演講《華嚴哲學》，出版《禪思想史研究》第二卷。

一九五二年（昭和二十七年）

二月，擔任哥倫比亞大學客座教授，講授《華嚴哲學》、《禪的哲學與宗教》、《宗教入門》、《宗教論集》、《有關宗教的基本疑問》等。

一九五三年（昭和二十八年）

六月至九月，鈴木大拙遊歷歐洲諸國，並在倫敦、羅馬、慕尼黑等地講學。

一九五四年（昭和二十九年）

在哥倫比亞大學哲學系講授「禪的哲學和宗教」，七、八月前往歐洲遊歷與演講，九月回到日本，停留五個月。出版《宗教》、《復甦的東方》。

一九五五年（昭和三十年）

一月，由古田紹欽編輯整理的《鈴木大拙選集》，獲得朝日新聞社肯定，鈴木大拙受頒朝日文化獎，之後繼續前往哥倫比亞大學授課。十月，被推舉為日本宗教學會名譽會長。出版《禪的研究》（*Studies in Zen*）。

一九五六年（昭和三十一年）

八月，赴墨西哥市立大學演講，同年出版《禪佛教》（*Zen Buddhism*），威廉・巴瑞特（William Barrett）將其在墨西哥講學的內容整理編輯成論文集。擔任財團法人西藏大藏經研究會會長（後來該研究會更名為鈴木學術財團）。

一九五七年（昭和三十二年）

一月，成立紐約禪研究會，擔任會長。六月辭去哥倫比亞大學的教職，七月前往墨西哥，與佛洛姆博士（Dr. Erich Fromm）共同參加有關禪與精神分析的討論會議，隨後在墨西哥大學講學。回美國後改居住在麻省，前往麻省理工學院、衛斯理學院（Wellesley college）、布蘭迪斯大學（Brandeis）、瑞德克立福大學（Radcliffe）、安默斯特學院（Amherst college）等大學演講。是年出版《基督教和佛教的神祕主義》（*Mysticism: Christian and Buddhist*）。

一九五八年（昭和三十三年）

四月前往歐洲，以遠東代表身份，出席在比利時布魯塞爾召開的萬國博覽會宗教部會議，席間以「靈性」為主題發表演說。十一月返回日本。

一九五九年（昭和三十四年）

六月，出席在夏威夷大學舉行的第三屆東西方哲學家會議，八月，夏威夷大學授予鈴木大拙法學名譽博士學位，同時被授予名譽博士學位者還有中國的胡適。同年出版《禪和日本文化》（*Zen and Japanese Culture*）。

一九六〇年（昭和三十五年）

十月，大谷大學為鈴木大拙舉辦九十歲大壽慶賀會，鈴木學術財團出版《佛教與文化》紀念論文集。辭掉大谷大學教授職務，爾後成為大谷大學名譽教授。十二月，以國賓身份受邀訪問印度，為期一個月。是年在佛洛姆博士與瑪爾特諾（Richard De Martino）整理協助下，共同出版《禪與精神分析》（*Zen Buddhism and Psychoanalysis*）。

一九六一年（昭和三十六年）

從印度返回日本，因全身檢查住進東京聖路加醫院。同年英譯完成《教行信證》。

一九六四年（昭和三十九年）

四月，獲頒印度亞細亞協會第一屆泰戈爾獎，六月赴美，住在紐約，七月前往夏威夷，出席在夏威夷大學召開的第四屆東西方哲學家會議。

一九六五年（昭和四十年）

停刊已久的英文雜誌《東方佛教徒》復刊。

一九六六年（昭和四十一年）

素有「世界禪者」美譽的鈴木大拙，於一九六六年七月十一日下午住進東京聖路加醫院，於七月十二日上午五點五分因突發絞扼性腸閉塞症辭世。戒名「也風流庵大拙居士」。享年九十六歲。

鈴木大拙主要著作一覽表

一八九五年

日譯出版：保羅・卡魯斯（Paul Carus）的英文著作《佛陀的福音》（*Gospel of Buddha*）。

一八九六年

著作《新宗教論》（*New Theory of Religion*）。

一九〇〇年

英譯出版：《大乘起信論》（*Awakening of Faith*）。

一九〇六年

英譯出版：釋宗演演講集（Sermons of a Buddhist Abbot）。與保羅・卡魯斯共同英譯出版《太上感應篇》、《陰騭文》。

日譯出版：保羅・卡魯斯的《阿彌陀佛》（*Amitabha*）。

一九〇七年

著作《大乘佛教概論》（*Outlines of Mahayana Buddhism*）。

一九一〇年

日譯出版：艾曼紐・斯維登堡（Swedenborg, Emanuel）的《天堂與地獄》（*Heaven and Hell*）、英譯《真宗教義》。

一九一二年

日譯出版：《神愛與神智》（*The Divine Love and the Divine Wisdom*）、《新耶路撒冷》（*The New Jerusalem*）、《神意論》（*The Divine Providence*）。

一九一三年

著作《禪學大要》

一九一四年

著作《禪的第一義》。

一九一五年

著作《上進的鐵鎚》。

一九一六年

著作《關於宗教經驗》、《禪的研究》、《眾禪的觀點》。

一九二一年

英文佛教雜誌《東方佛教徒》（*The Eastern Buddhist*）創刊。

一九二五年

著作《百醜千拙》。

一九二七年

著作《禪學隨筆》（*Studies in Zen*）、《禪論文集第一卷》（*Essays in Zen Buddhism Vol.1*）。

一九三〇年

著作《什麼是禪》、《楞伽經研究》（*Studies in the Lankavatara Sutra*）。

一九三二年

英譯出版：梵文《楞伽經》（*The Lankavatara Sutra*）。

著作《神會錄》、《禪的精粹》、《六祖壇經》（興正寺版）。

一九三三年

著作《禪論文集第二卷》（*Essays in Zen Buddhism Vol.2*）、《楞伽經引用句索引》（*Index Verborum to the Lankavatara Sutra*）。

一九三四年

著作《禪論文集第三卷》（*Essays in Zen Buddhism Vol.3*）、《禪僧的修行》（*The Training of the Zen Buddhist Monk*）、《楞伽經引用句索引增訂版》（*Index Verborum to the Lankavatara Sutra*）、《禪學入門》（*An Introduction to Zen Buddhism*）。

一九三五年

著作《支那佛教印象記》、《悟道禪》、《禪堂的修行與生活》、《禪與日本人的性格》、《少室逸書》（菩提達摩撰述的文集）、《禪佛教手冊》（*Manual of Zen Buddhism*）。與泉芳璟一同校訂梵文本《華嚴經入法界品》（*The Gandavyuha Sutra*）。

一九三七年

著作《禪與念佛心理學的基礎》、《宗教淺說》

一九三八年

著作《禪與日本文化》的日譯（*Zen Buddhism and its Influence on Japanese Culture*）、《日本佛教》（*Japanese Buddhism*）、《禪的各種問題》等書。

一九三九年

著作《無心》。

一九四〇年

著作《禪堂的教育》、《禪學入門》、《盤珪的不生禪》、《六祖壇經》（大乘寺版）。

一九四一年

著作《禪問答與領悟》、《盤珪禪師語錄》、《一個真實的世界》、《佛教的核心》。

一九四二年

著作《東方的一》、《盤珪禪的研究》、《淨土系的思想論》、《碧巖錄》（Hekigan Poku）。

一九四三年

著作《禪的思想》、《盤珪禪師說法》、《文化與佛教》、《一個禪者的思索》、《宗教的經驗事實》、《禪思想史研究》、《拔隊禪師法語》。

一九四四年

著作《大燈百二十則》、《月菴和尚法語》、《日本的靈性》。

一九四五年

著作《絕觀論》。

一九四六年

著作《今北洪川》、《關於宗教的信件》、《關於宗教》、《日本靈性的自覺》、《建設靈性的日本》。

一九四七年

著作《佛教簡論》、《神秘主義與禪》、《自主的思考》、《宗教與生活》、《佛教的本質》（*The Essence of Buddhism*）。

一九四八年

著作《妙好人》（*Myokonin*）、《宗教與文化》、《給青年》、《日本的靈性化》、《禪堂生活》、《宗教與近代人》、《驢鞍橋》、《東方與西方》。

一九四九年

著作《真宗雜錄》（*A Miscellany on the Shin Teaching of Buddhism*）、《禪的無心之

說》（*The Zen Doctrine of No-Mind*）、《以禪為生》（*Living by Zen*）、《佛教與基督教》、《臨濟的基本思想》（*The Fundamental Thought of Rinzai*）。

一九五一年

著作《禪思想史研究》第二卷。

一九五四年

著作《宗教》、《復甦的東方》。

一九五五年

著作出版《禪的研究》（*Studies in Zen*）。

一九五六年

著作《禪佛教》（*Zen Buddhism*）。

一九五七年

著作《基督教和佛教的神秘主義》（*Mysticism: Christian and Buddhist*）。

一九五九年

著作《禪和日本文化》（*Zen and Japanese Culture*）。

一九六〇年

著作在佛洛姆博士（Dr. Erich Fromm）與瑪爾特諾（Richard De Martino）整理協助下，共同出版《禪與精神分析》（*Zen Buddhism and Psychoanalysis*）。

一九七〇年

著作後世整理《真宗入門》紐約演講集（*Shin Buddhism*）。

一九七三年

英譯出版：一九六一年完成英譯出版《教行信證》，於一九七三年出版。

二〇〇三年

著作岩波書店出版《鈴木大拙全集》四十冊。

國家圖書館出版品預行編目資料

鈴木大拙禪學隨筆 / 鈴木大拙著 ; 駱香潔譯. -- 初版. -- 臺北市 : 商周出版,
城邦文化事業股份有限公司出版 : 英屬蓋曼群島商家庭傳媒股份有限
公司城邦分公司發行, 2025.08
288 面 ; 14.8×21公分
譯自 : Studies in Zen
ISBN 978-626-390-626-6（平裝）
1. CST: 禪宗　2. CST: 佛教哲學
226.61　114009757

鈴木大拙禪學隨筆

原著書名 / Studies In Zen
作者 / 鈴木大拙
譯者 / 駱香潔
責任編輯 / 林瑾俐

版權 / 吳亭儀、游晨瑋
行銷業務 / 林詩富、周丹蘋
總編輯 / 楊如玉
總經理 / 賈俊國
事業群總經理 / 黃淑貞
發行人 / 何飛鵬
法律顧問 / 元禾法律事務所　王子文律師
出版 / 商周出版
城邦文化事業股份有限公司
台北市南港區昆陽街 16 號 4 樓
電話：(02) 2500-7008 傳眞：(02) 2500-7579
E-mail：bwp.service@cite.com.tw
發行 / 英屬蓋曼群島商家庭傳媒股份有限公司城邦分公司
台北市南港區昆陽街 16 號 8 樓
書虫客服服務專線：(02) 2500-7718・(02) 2500-7719
24 小時傳眞服務：(02) 2500-1990・(02) 2500-1991
服務時間：週一至週五 09:30-12:00・13:30-17:00
劃撥帳號：19863813　戶名：書虫股份有限公司
讀者服務信箱 E-mail：service@readingclub.com.tw
城邦讀書花園　網址：www.cite.com.tw
香港發行所 / 城邦（香港）出版集團有限公司
香港九龍土瓜灣土瓜灣道 86 號順聯工業大廈 6 樓 A 室
電話：(852) 2508-6231　傳眞：(852) 2578-9337
E-mail：hkcite@biznetvigator.com
馬新發行所 / 城邦（馬新）出版集團 Cité (M) Sdn. Bhd.
41, Jalan Radin Anum, Bandar Baru Sri Petaling,
57000 Kuala Lumpur, Malaysia
電話：(603) 9057-8822　傳眞：(603) 9057-6622

封面設計 / 兒日設計
內文排版 / 新鑫電腦排版工作室
印刷 / 韋懋實業有限公司
經銷商 / 聯合發行股份有限公司
電話：(02) 2917-8022　傳眞：(02) 2911-0053
地址：231 新北市新店區寶橋路 235 巷 6 弄 6 號 2 樓

■2025年08月初版
定價 400 元

Printed in Taiwan
城邦讀書花園
www.cite.com.tw

ISBN　978-626-390-626-6
EISBN　978-626-390-625-9（EPUB）

廣　告　回　函
北區郵政管理登記證
台北廣字第000791號
郵資已付，免貼郵票

115020台北市南港區昆陽街16號8樓

英屬蓋曼群島商家庭傳媒股份有限公司　城邦分公司

請沿虛線對摺，謝謝！

書號：BR0060　**書名：**鈴木大拙禪學隨筆　**編碼：**

請於此處用膠水黏貼

商周出版

讀者回函卡

線上版讀者回函卡

感謝您購買我們出版的書籍！請費心填寫此回函卡，我們將不定期寄上城邦集團最新的出版訊息。

姓名：____________________ 性別：☐男 ☐女

生日：西元________年________月________日

地址：____________________

聯絡電話：____________ 傳真：____________

E-mail ：

學歷：☐ 1. 小學 ☐ 2. 國中 ☐ 3. 高中 ☐ 4. 大學 ☐ 5. 研究所以上

職業：☐ 1. 學生 ☐ 2. 軍公教 ☐ 3. 服務 ☐ 4. 金融 ☐ 5. 製造 ☐ 6. 資訊
☐ 7. 傳播 ☐ 8. 自由業 ☐ 9. 農漁牧 ☐ 10. 家管 ☐ 11. 退休
☐ 12. 其他____________

您從何種方式得知本書消息？

☐ 1. 書店 ☐ 2. 網路 ☐ 3. 報紙 ☐ 4. 雜誌 ☐ 5. 廣播 ☐ 6. 電視
☐ 7. 親友推薦 ☐ 8. 其他____________

您通常以何種方式購書？

☐ 1. 書店 ☐ 2. 網路 ☐ 3. 傳真訂購 ☐ 4. 郵局劃撥 ☐ 5. 其他______

您喜歡閱讀那些類別的書籍？

☐ 1. 財經商業 ☐ 2. 自然科學 ☐ 3. 歷史 ☐ 4. 法律 ☐ 5. 文學
☐ 6. 休閒旅遊 ☐ 7. 小說 ☐ 8. 人物傳記 ☐ 9. 生活、勵志 ☐ 10. 其他

對我們的建議：____________________

請於此處用膠水黏貼